UM ASSOVIO NO ESCURO

Tom Murphy

UM ASSOVIO NO ESCURO

Organização e introdução
Beatriz Kopschitz Bastos

Tradução
Domingos Nunez

ILUMI//URAS

Título original
A Whistle in the Dark

Copyright © 2019
Tom Murphy

Copyright © desta edição e tradução
Editora Iluminuras Ltda.

Capa e projeto gráfico
Eder Cardoso / Iluminuras

Imagem de capa
Samuel Leon. *Coventry* (detalhe), acrílica sobre tela, 50x50cm

Revisão
Jane Pessoa
Ketlyn Mara Rosa

Direitos de qualquer natureza de *Um assovio no escuro*, de Tom Murphy, estão reservados ao autor. Nenhum uso desta peça, de qualquer natureza, em qualquer mídia, pode ser feito sem autorização prévia por escrito. Pedidos devem ser dirigidos a Alexandra Cann Representation, pelo e-mail: <alexandracann@.co.uk>.

CIP-BRASIL. CATALOGAÇÃO NA PUBLICAÇÃO
SINDICATO NACIONAL DOS EDITORES DE LIVROS, RJ
M96a

    Murphy, Tom, 1935-2018
      Um assovio no escuro / Tom Murphy ; organização e introdução Beatriz Kopschitz Bastos ; tradução Domingos Nunez. - 1. ed. - São Paulo : Iluminuras, 2019.
    176 p. ; 21 cm

    Tradução de: A Whistle in the Dark
    ISBN 978-85-7321-618-9

      1. Teatro irlandês (Literatura). I. Bastos, Beatriz Kopschitz. II. Nunez, Domingos. III. Título.
19-61359   CDD: 828.99152
                     CDU: 82-2(415)

2019
Editora Iluminuras Ltda.
Rua Inácio Pereira da Rocha, 389
05432-011 - São Paulo - SP - Brasil
Tel./ Fax: 55 11 3031-6161
iluminuras@iluminuras.com.br
www.iluminuras.com.br

SUMÁRIO

Introdução
    Beatriz Kopschitz Bastos, 9

UM ASSOVIO NO ESCURO

    ATO UM, 19
    ATO DOIS, 71
    ATO TRÊS, 117

Cronologia da obra de Tom Murphy, 169

Sobre a organizadora, 171

Sobre o tradutor, 173

INTRODUÇÃO
Beatriz Kopschitz Bastos

A coleção Tom Murphy, publicada em quatro volumes, é composta por *Um assovio no escuro* (1961); *O concerto de Gigli* (1983); *Bailegangaire* (1985); e *Trilogia de Alice* (2005) — em tradução de Domingos Nunez. O conjunto de peças traz ao leitor brasileiro a obra de Tom Murphy pela primeira vez em língua portuguesa — um projeto de publicação contemplado com apoio financeiro de Literature Ireland, uma organização na Irlanda para promoção da literatura irlandesa em âmbito internacional.

Tom Murphy é considerado um dos mais importantes dramaturgos irlandeses de todos os tempos, com uma obra formidável de mais de trinta peças originais e adaptações. Murphy nasceu em Tuam, no condado de Galway, no oeste da Irlanda, em 1935, sendo o caçula de dez irmãos. Murphy e todos os seus irmãos emigraram, temporária ou definitivamente. Os dados da vida do dramaturgo, embora talvez conhecidos do público irlandês, são significativos, pois revelam o que constitui parte do material primário de sua obra: o oeste da Irlanda e a emigração, e as complexas relações entre essas duas realidades — a Irlanda e a diáspora irlandesa. Conforme afirmou Alexandra Poulain, a obra do dramaturgo é uma "história de viagem, odisseia insólita de heróis, da margem para a impermanência. História de retorno, [...] de desvio, de retorno sem permanência: errância" (2008, p. 7).

Em *The Theatre of Tom Murphy: Playwright Adventurer*, livro publicado em 2017, um ano antes do falecimento do dramaturgo, Nicholas Grene justifica a escolha do subtítulo apontando para o fato de que o próprio Murphy fazia distinção entre dois métodos de escrita dramatúrgica: um de "fórmula"; outro de "aventura" (2017, p. xiii). O método de Murphy era, com certeza, o segundo. Sua imaginação teatral aventureira, desprovida de fórmulas de criação, tem encantado plateias, leitores e críticos por décadas.

Além do livro recente de Grene, há poucas obras dedicadas ao teatro de Murphy. Em 1987, o jornalista e crítico irlandês Fintan O'Toole publicou o estudo pioneiro sobre a obra do autor, *The Politics of Magic*; em 2008, Alexandra Poulain publicou o volume *Homo famelicus: Le théâtre de Tom Murphy*; e, em 2010, Christopher Murray editou a coletânea de artigos *Alive in Time: The Enduring Drama of Tom Murphy*. Há muitos artigos acadêmicos sobre sua obra e, digno de destaque, um filme do cineasta irlandês Alan Gilsenan, dedicado à vida e à obra de Tom Murphy: a cinebiografia *Sing on Forever*, de 2003. O filme foi exibido como *Cante para sempre* na mostra *Vidas irlandesas: O cinema de Alan Gilsenan*, na Universidade Federal de Santa Catarina, Florianópolis, em 2015, e na segunda edição da mostra, na Cinemateca Brasileira, em São Paulo, em 2019.

Fintan O'Toole nos oferece uma leitura das peças de Murphy como uma narrativa do contexto sócio-histórico irlandês em que o autor produziu sua dramaturgia. Murphy escreveu "uma história interna da Irlanda" (O'Toole, 1987,

p. 16) em que viveu, respondendo ao desespero da década de 1950, à modernização e às fantasias da década de 1960, à desilusão das décadas de 1970 e 1980, e ao retorno e colapso das ilusões dos anos do Tigre Celta. Isso, no entanto, não significa que Murphy seja um autor de interesse exclusivamente na Irlanda; ao contrário: "ao confrontar a Irlanda, Murphy foi capaz de confrontar o universo", destacou O'Toole (1987, p. 17). Também Christopher Murray comenta que "situar Tom Murphy hoje requer considerá-lo em dois contextos: a Irlanda e o mundo" (2010, p. 1). A partir dessas proposições — a capacidade universal da obra de Murphy e a ideia de situá-la em um mundo maior, além do contexto irlandês —, esta coleção de quatro peças de Murphy oferece ao leitor brasileiro uma amostra da obra do dramaturgo irlandês.

No palco, a plateia brasileira já teve oportunidade de conhecer a obra de Murphy com a peça *Balangangueri, o lugar onde ninguém mais ri*, adaptada por Domingos Nunez como uma fusão das peças *Bailegangaire* e *A Thief of a Christmas*, e encenada, em 2011, pela Cia Ludens, companhia teatral brasileira dedicada ao teatro irlandês e suas conexões com o Brasil. A fusão das duas peças realizou, de maneira singular, uma perspectiva imaginada por Nicholas Grene, no fim dos anos 1990: "para o diretor com coragem e recursos para tentar, seria um tour de force teatral encenar as duas peças lado a lado, o elenco numeroso de *A Thief* com o trio de *Bailegangaire*" (1999, pp. 220-221).

Domingos Nunez e eu desenvolvemos um apreço especial pela obra de Tom Murphy durante os anos em que temos nos dedicado ao estudo, tradução e encenação de material irlandês, atuando como acadêmicos e como profissionais do teatro na Cia Ludens: ele, como diretor artístico; eu, como produtora. Selecionamos as peças a partir de um período que passei, como pesquisadora visitante, no Moore Institute for the Humanities and Social Studies e no O'Donoghue Centre for Drama, Theatre and Performance na National University of Ireland Galway, em 2017, com apoio da Moore Institute Visiting Research Fellowship, para estudar a obra de Murphy.

A seleção observou três critérios: cronológico, regional e temático. Dentre as peças mais relevantes do autor, procuramos quatro distribuídas de maneira equilibrada no eixo temporal — da década de 1960 até os anos 2000. Duas estão situadas nos extremos do eixo — *Um assovio no escuro*, em 1961, e *Trilogia de Alice*, em 2005 — e duas no centro do eixo, na década de 1980 — *O concerto de Gigli* e *Bailegangaire*. O critério regional considerou o lugar da primeira produção das peças. *Assovio* e *Alice* foram produzidas pela primeira vez em Londres; *Gigli* e *Bailegangaire*, na Irlanda: no Abbey Theatre, o teatro nacional irlandês, em Dublin, e no Druid Theatre, em Galway, no oeste da Irlanda, respectivamente. Quanto à temática, embora essa seja sempre uma questão de grande complexidade na obra de Murphy, limitamo-nos a escolher duas peças de tema predominantemente, embora não exclusivamente, masculino — *Assovio* e *Gigli* — e duas de tema predominantemente feminino — *Bailegangaire* e *Alice*.

***

Tendo sido rejeitada pelo Abbey Theatre em Dublin, em 1961, *Um assovio no escuro* estreou no Theatre Royal, Stratford East, na região metropolitana de Londres, naquele mesmo ano. Em seguida, a peça foi produzida no Apollo Theatre, no West End de Londres, ainda em 1961, e em Dublin, no Olympia Theatre, em 1962. A recepção, na época, a esta violenta tragédia moderna de uma família de imigrantes irlandeses — os Carney —, em Coventry, na Inglaterra, foi, de maneira geral, negativa ou controversa. Um retrato dos irlandeses que, talvez, devesse ter sido deixado de lado? Ernst Blythe, por exemplo, no termo de rejeição enviado a Murphy, em nome do Abbey, argumentou que "tais pessoas, como figuram em *Um assovio* [...], não existem na Irlanda" (apud O'Toole, 1987, p. 42).

Ainda hoje, o realismo vívido, a violência masculina visceral e a inescapável fatalidade de uma família em *Assovio* podem surpreender — e até chocar. Os Carney, uma família do condado de Mayo, no remoto e pobre noroeste da Irlanda, representam uma geração de irlandeses que emigraram devido à crise econômica e social da década de 1950 na Irlanda. Representam a trágica inadequação social ao país que deixaram — e ao país em que chegaram. A família na peça é composta do pai, seus cinco filhos e uma nora inglesa. Uma mãe ausente permaneceu na Irlanda.

De acordo com Alexandra Poulain, "a peça é construída sobre o modelo da tragédia clássica. As três unidades de lugar, tempo e ação são respeitadas: a peça retraça a inexorável ascensão da violência na casa de Michael [o irmão mais velho], entre a chegada de Dada [o pai] e Des [o irmão mais novo], uma noite, e a morte de Des na noite seguinte" (2008, p. 34).

A tragédia dessa família é a tragédia de toda uma sociedade. Quase todos os filhos na família Carney não têm mais que a educação primária. Na Inglaterra, sofrem constantes abusos verbais, ao serem chamados de maneira pejorativa de *paddies* e *tinkers*, ou caipiras e ciganos irlandeses, por exemplo. Não têm emprego. Exercem um machismo explorador e abusivo. São vítimas e agressores. O que os sustenta, explica Nicholas Grene, é "sua capacidade de violência" (2017, p. 38).

A violência da peça, em um plano sociológico, tem sido interpretada, por alguns, como resultado da pobreza irlandesa pós-colonial; por outros, como símbolo de um sistema ancestral de feudos e rivalidades de clãs familiares; ou ainda, como conflitos inerentes a processos de migração e adaptação. Os Carney, em sua violência, podem ser vistos como especificamente irlandeses, no contexto histórico e nas condições sociais da época, ou não. Segundo o próprio Murphy, a violência poderia ser a de qualquer país, e os homens [da peça] só são irlandeses porque esse era o background que ele conhecia (apud Grene, 2017, p. 44). Apesar da brutalidade da peça, o leitor ou espectador se surpreende ao ter empatia com os personagens, ou pelo menos com alguns deles: talvez aí resida o poder perturbador do teatro de Tom Murphy. Em *Um assovio no escuro*, esse poder deriva, de acordo com Fintan O'Toole, "do equilíbrio entre a violência da peça e a precisão clássica de sua forma" (1989, p. xii).

Cabe ao leitor, agora, a apreciação e interpretação desta obra. Boa leitura!

REFERÊNCIAS BIBLIOGRÁFICAS

GILSENAN, Alan. *Sing on Forever*. Documentário. Parzival Productions/BSE/RTÉ/Arts Council, 2003.

GRENE, Nicholas. *The Politics of Irish Theatre: Plays in Context from Boucicault to Friel*. Cambridge: Cambridge University Press, 1999.

_____. *The Theatre of Tom Murphy: Playwright Adventurer*. Londres: Bloomsbury, 2017.

MURRAY, Christopher (Org.). *Alive in Time. The Enduring Drama of Tom Murphy: New Essays*. Dublin: Carysfort Press, 2010.

O'TOOLE, Fintan. *The Politics of Magic: The Work and Times of Tom Murphy*. Dublin: Raven Arts Press, 1987.

_____. "Introduction". In: MURPHY, Tom. *Plays 4*. Londres: Methuen Drama, 1989.

POULAIN, Alexandra. *Homo famelicus: Le théâtre de Tom Murphy*. Caen: Presses Universitaires de Caen, 2008.

UM ASSOVIO NO ESCURO[1]

---

[1] "A Whistle in the Dark" é uma expressão coloquial usada para descrever a reação de alguém que tenta manter a coragem diante de uma situação assustadora, com a convicção de que ela não é tão ruim quanto parece. (Esta e as demais notas são do tradutor.)

PERSONAGENS

    Michael Carney

    Harry Carney

    Des Carney

    Iggy Carney

    Hugo Carney

    Dada

    Betty

    Mush

Um assovio no escuro estreou no Theatre Royal, Stratford, Londres, em 1961.

ATO UM

A peça começa com uma profusão de ruídos, movimentos e preparativos. A sala e o que ela contém revelam sinais de desleixo. Existem três portas: a primeira conduz ao saguão, ao quarto e à porta da frente; a segunda, à cozinha e à parte de trás da casa; e a terceira, à escada. HARRY, vestindo calça e colete, descalço, carrega os sapatos e um pé de meia, enquanto procura pelo outro. Ele tem por volta de trinta anos. HUGO desce em disparada pela escada e vai até o espelho para passar uma quantidade generosa de óleo no cabelo; ele canta trechos de uma música pop que parece lhe dar alguma satisfação pessoal; ele é meio estúpido. IGGY está completamente vestido e espera com impaciência. Ele é um homenzarrão, o mais robusto da família, e aprecia sua imagem dentro do terno impecável. Às vezes ele gagueja — em momentos de tensão. Quando caminha, simula um passo afetado chamado de "o manco": os ombros encolhidos, um ombro mais alto que o outro, os braços ligeiramente tensionados e um pouco projetados para os lados, e os polegares visivelmente apontados para os lados. Esse é o andar de "um cara durão", um "homem de ferro". Brigar é um aspecto inerente ao caráter de IGGY, e não desprovido de um toque de classe, no caso dele. BETTY é inglesa e tem cerca de vinte e oito anos. Durante a cena, ela entra e sai do quarto da frente com roupas de cama, travesseiros etc.
De um modo geral, todos estão preocupados consigo mesmos.

HARRY (*procurando a meia*) Meia... meia... meia... meia... meia? Ah? Onde ela está? Meinha... meinha... meinha?

HUGO (*cantando*) "Vamos looping, looping le, vamos looping, looping la..."

HARRY Agora... agora... agora, meia... meia!

BETTY Iggy, você não quer ir lá ver se aquela cama portátil não é muito pequena pra você?

HARRY (*sem olhar para ela, cutuca com um dedo as costelas dela quando ela passa*) *Guic!* (*Continua procurando a meia*) Ah? Meinha.

BETTY Iggy?

IGGY Estamos todos p-prontos?

HARRY (*contrariado*) Meiazinha!

HUGO Talvez você tenha deixado cair na escada.

IGGY *precipita-se para a escada. A campainha está tocando.* BETTY *vai atender.* HUGO *adianta-se para receber* MUSH. HUGO *e* MUSH *se cumprimentam no saguão cantando "Vamos looping, looping...".*

HARRY (*ao mesmo tempo encontrando a meia perdida dentro de um dos seus sapatos*) Ah! Escondidinha, hein? (*Deixa os sapatos caírem estrepitosamente sobre o assoalho.*)

ATO UM

HUGO *e* MUSH *entram.* MUSH *tem por volta de trinta anos, um sujeito pequeno em um terno novo, bem barato; um sicofanta.*

MUSH   Olá... olá... olá!

HARRY   (*cheirando as meias*) Estas estão mortas faz um ano, ou mais.

HUGO   Você encontrou?

MUSH   Eu não demorei, demorei?

HARRY *arremessa as meias enroladas em* MUSH; MUSH *as apanha e as arremessa em* HUGO; HUGO, *em retaliação, arremessa em* MUSH *uma xícara que se espatifa contra a parede,* MUSH *atirando nela com uma arma imaginária.* BETTY *sai para a cozinha.*

HARRY   Cuidado com a louça...

IGGY   (*entrando com a camisa de* HARRY *que ele larga sobre uma cadeira*) C-camisa. C-c-camisa...

HARRY   Jesus, vocês querem que eu corte o meu pé! (*Ele faz um trajeto pela sala para procurar em uma gaveta por um par de meias limpas.*)

MUSH   E aí, Ig!

IGGY   O t-t-trem vai chegar.

HARRY (*encontra um par de meias limpas*) Esta cor não é apropriada para o nosso Michael agora? Marrom do buraco do brejo.[2]

IGGY Harry, o t-t-trem.

HARRY (*há um furo em uma das meias*) Jesus! Pessoalmente, minha opinião, mulheres inglesas não prestam, a não ser talvez pra ler histórias reais de amor verdadeiro... (*Grita para a cozinha, onde* BETTY *está*) Oi! Garotas inglesas não servem pra nada.

IGGY E-e-estamos prontos?

HARRY Carne inglesa não vale nada.

IGGY (*para* HUGO) Olhe a h-hora.

HUGO Melhor apressar sim. Coisa linda, o Dada e o Des chegam e não estamos lá.

HARRY Não me incomodo de vender, mas pessoalmente não ia gastar muito dinheiro com nenhuma puta inglesa. Oi, Mush?

MUSH (*recolhendo os cacos da louça quebrada*) A Inglaterra, uma beleza de lar, Har.

---

[2] "Bog", no original. Termo usado para designar uma área alagada onde se acumula a turfa, um depósito de vegetação morta, muito comum em algumas regiões da Irlanda.

IGGY *suspira fundo para a lentidão perversa com que* HARRY *se veste e fica inconscientemente esmurrando o painel da porta atrás de si.*

HUGO   Já viram um cara arrebentar uma porta com o punho?

MUSH   Vi um camarada uma noite...

IGGY   J-j-já v-v-viram um cara abrir uma porta sem girar a maçaneta?

HUGO *acena com a cabeça sugerindo que* IGGY *tente isso. Ouve-se* MICHAEL *chegando pela porta da frente.*

HUGO   Bloqueie: é o Michael.

HARRY   Segure. (*A maçaneta da porta.*)

IGGY *está segurando o trinco em oposição a* MICHAEL, *que está do outro lado da porta.* HUGO *está rindo entre dentes.*

MICHAEL   Betty!

HARRY   Ele está tentando abrir do outro lado? (IGGY *acena com a cabeça*) ... Agora. Solte!

IGGY *larga o trinco da porta: o esperado (que* MICHAEL *chegue voando) não acontece. Um instante depois* MICHAEL *entra. Ele está usando roupas de trabalho — talvez um macacão, que ele tira durante a cena. Ele tem cerca de trinta e cinco anos.*

HARRY Nosso Michael teria sido um grande jogador de futebol: é isso que eu chamo de afobação.

MICHAEL A esta hora o trem já chegou.

IGGY, MUSH e HUGO saem — HUGO cantando "Vamos looping, looping...".

HARRY, ao vestir o paletó, encontra alguma dificuldade no forro da manga, mas controla sua irritação.

HARRY Não vem junto com a gente pra encontrar o Dada e o Des?

MICHAEL Vou ajeitar as camas e as coisas por aqui.

IGGY (*de fora*) H-h-harry!

HARRY As camas e as coisas estão ajeitadas. (*Ainda sorrindo, ele enfia violentamente o punho e o braço na manga do paletó*) Hah?

Ele sai atrás dos outros.

MICHAEL (*grita para a cozinha*) E aí! (BETTY *entra e começa a fazer a arrumação em silêncio*) ... Sua combinação está... (*Aparecendo.*)

BETTY Ela está limpa.

Ele fecha a porta da frente e retorna com um saco de papel contendo algumas garrafas de cerveja que ele havia deixado no saguão. Eles se olham por um instante. Em seguida ela sorri para ele e sacode a cabeça para si mesma.

BETTY (*referindo-se aos irmãos dele*) Sinceramente!

MICHAEL Eu trouxe umas garrafas de cerveja. Pra manter eles felizes.

BETTY Eu ainda acho que você deveria ter ido à estação.

MICHAEL É suficiente os que foram, pra um comitê de recepção. Eles vão chegar aqui em poucos minutos.

BETTY Vai ficar bem apertado.

MICHAEL Em todo caso, vai ser só por uma semana.

BETTY Talvez o Des fique.

MICHAEL Não. Só está de férias.

BETTY Seu pai vai se incomodar de dividir um quarto?

MICHAEL As camas estão arrumadas?

BETTY O seu pai vai... Bem, ele vai de alguma forma gostar de mim?

MICHAEL Venha aqui até mim, Brummy.[3]

---

[3] Alusão a uma pessoa residente ou proveniente de Birmingham, Inglaterra, e ao seu sotaque considerado, a princípio, um pouco difícil de entender.

BETTY   A casa está realmente horrível. Eu não consigo evitar.

MICHAEL   Não, você vai gostar do Des.

BETTY   Em todo caso, eu já ouvi bastante sobre ele. Quando você me pediu em casamento, pensei que você iria dizer, eu e o Des gostaríamos que você se casasse comigo... com você... nós... tanto faz...

MICHAEL   Não, você vai gostar dele. Ele não é como eu... Acho que você vai gostar dele.

BETTY   Vamos ser sete para o chá. Agora tem somente quatro xícaras na casa.

MICHAEL   Todos eles não vão querer chá.

BETTY   Eu tenho oito pires.

MICHAEL   Você pode comprar mais amanhã. Só pro Dada e o Des.

BETTY   Tudo bem, mas esse negócio de comprar mais xícaras, e colocar mais painéis de vidro e...

MICHAEL   Esta noite, não.

BETTY   O quê? Mas não é ridículo? Tudo. Olhe. Apenas olhe pra esta casa depois de poucas semanas de vida familiar com seus irmãos. E agora mais dois.

MICHAEL Esta noite não, Joséphine.[4]

BETTY O quê?

MICHAEL (*com sotaque inglês, troçando*) O quê? Nós podemos beber nos pires; é um velho costume irlandês.

BETTY Não, é ridículo.

MICHAEL E nós vamos pegar um porquinho, um leitãozinho, pra correr em volta da cozinha como um animal de estimação da casa.

BETTY Ridículo.

MICHAEL E nós vamos progredir e plantar trevos em vez de gerânios. E transformar aquele pequeno depósito no fundo do quintal em um hotel pra fadas e duendes.

BETTY Você é ridículo. Você realmente é. A gente estava indo tão bem antes de você pedir pra eles virem pra cá. Ridículo.

MICHAEL E nós vamos...

BETTY (*subitamente séria*) Não, eu não acho que é pouca coisa ou engraçado.

---

[4] De acordo com uma velha história, Napoleão Bonaparte uma vez disse à sua esposa, a imperatriz Joséphine de Beauharnais: *"Esta noite não, Joséphine"*, quando se recusou a ter relações sexuais com ela. A frase passou a ser comumente usada com conotações humorísticas.

MICHAEL Nem eu.

BETTY Eu não estou dizendo que o seu pai e o Des não são bem-vindos, mas os outros...

MICHAEL Esta noite, não.

BETTY Tudo bem tentar dar uma de irmão mais velho, mas você não está se saindo muito bem com eles, não é?

MICHAEL Esta noite, não.

BETTY Bem, quando você vai...

MICHAEL Em todo caso, este não é o momento!

BETTY Eu acho que é um momento tão bom quanto outro qualquer.

MICHAEL Oh, deixa pra lá, pode ser? Você está correndo feito louca. Descanse um pouquinho, ou algo assim. A casa está ótima.

BETTY O quê?

MICHAEL A casa está ótima! Relaxe, descanse, eu te chamo quando eles chegarem.

BETTY Lá pra cima, é isso? Isto é, se as brigas e a quebradeira não começarem pela casa inteira. Agora vai ser a vez da mesa ou das cadeiras?

MICHAEL Sim... sim... sim...

BETTY Quem vai dar o lance pra dormir comigo esta noite?

MICHAEL Não faça a coisa maior do que é. O Harry estava bêbado naquela noite.

BETTY O Harry está bêbado esta noite, os outros estão bêbados, eles estão sempre bêbados.

MICHAEL Não comece com isso, pelo amor de Deus! Jesus, já não chega o que eu tenho na cabeça!

BETTY Tudo bem. Quieta então. Mas veja por este ângulo: Eu me casei com você, não com seus irmãos. Desde que você pediu pra eles virem pra cá, a gente quase não chega um perto do outro. Se eu estou sozinha aqui, eu fico lá (*Na cozinha*) com medo de fazer barulho; se eu estou lá em cima, eu fico com medo de fazer barulho. Isto é normal, é?

MICHAEL Veja...

BETTY É desse jeito que são todos os jovens casais, é?

MICHAEL Eles estão um pouco descontrolados...

BETTY Descontrolados? Hah!

MICHAEL Sim! Descontrolados! Um pouco descontrolados. Eles são meus irmãos, eu tenho uma responsabilidade. É a nossa família. Um pouco descontrolados. Eles nunca tiveram uma chance. Eles vão mudar.

BETTY Você vai conseguir isso?

MICHAEL Eu sou o mais velho...

BETTY Seu pai é o mais velho. E sobre sua responsabilidade comigo? Você é casado agora, sabe.

MICHAEL Eu sei.

BETTY (*veladamente*) Estou vendo.

MICHAEL Veja...

BETTY O que vem primeiro, o que é mais importante pra você, eu ou os seus irmãos?

MICHAEL Que conversa tola, estúpida!

BETTY Ah, é? Não costumava ser.

MICHAEL Veja, o que você acha que vai acontecer...

BETTY O que você acha que vai acontecer comigo!

MICHAEL E com o Des vindo pra cá agora...

BETTY Para o inferno com o Des e os outros! É nós ou eles. O que é mais importante pra você?

MICHAEL O Harry e o Mush estão vindo com as malas. (*Ele coloca o braço em volta de* BETTY.)

BETTY Talvez você devesse chamar o Mush pra morar com a gente também.

MICHAEL Shhh, Brummy. Sua combinação ainda está aparecendo.

BETTY Não sei.

MICHAEL Vai dar tudo certo.

BETTY *vai para a cozinha.* HARRY *e* MUSH *entram.*

MUSH Crioulos?

HARRY Não.

MUSH Negões?

HARRY Não, eu não ia chamar eles nem assim.

MICHAEL Eles chegaram bem?

MUSH Muçulmanos?

HARRY (*pondera isso*) Sim. É justo. Nós somos católicos. O primeiro cinto bom que eu tive em anos, tirei dos muçulmanos umas semanas atrás. (*Para* MICHAEL) Hah?

MICHAEL Eles chegaram bem?

HARRY Mas eu ainda gosto deles. Respeito eles. Negros, muçulmanos. Eles ficam juntos, suas famílias e tudo. E se eles não estivessem aqui, assim, nosso sangue azul irlandês ficaria um tom mais escuro, não ficaria? (*Para* MICHAEL) Hah? E então algumas pessoas iriam querer os nossos sacos cortados também.

MUSH Passagens só de ida, de volta pra floresta pra nós também, Har, se eles não estivessem aqui.

MICHAEL Eles estão vindo?

HARRY Hah? O Dada está parecendo formidável, você vai adorar saber, Michael.

MUSH Os ordinários devem ter ficado pra mais uma no Leão.

HARRY O Des também.

MUSH Ele é um Carney, com certeza.

HARRY É. Ele tem ossos grandes, grandes, soltos, ele vai bater forte.

MUSH Quando ele souber sobre o cabeção.

HARRY (*ri*) Já vai saber. A primeira lição dele, Michael. Meia hora por aqui e o jovem Des já tem uma briga.

MICHAEL O quê? O que aconteceu?

ATO UM

HARRY   Ah! Ficou terrivelmente preocupado, é? Como naquela noite com os muçulmanos. Terrivelmente preocupado, é?

MICHAEL   Pelo amor de Deus, ele é só um moleque.

MUSH   Ele é o maior moleque que eu já vi.

HARRY   Já uma briga e tem mais a caminho.

MICHAEL   O que aconteceu?... Mush?

MUSH   O trem tinha chegado e eles estavam esperando no Leão e nós estávamos todos tomando umas...

HARRY   Oh, ele não é nenhum calouro na cerveja, o Des não é. Percebi isso na hora. Eu fico me perguntando, o que ele fazia com o dinheiro que você costumava mandar pra ele? Livros pra escola, hah?

MUSH   E o Des foi pro banheiro e ouvimos a luta começando.

HARRY   Não, ele não é nenhum calouro na cerveja. Tem certeza que você não se importa por ele ter ferrado com o alfinete de pioneiro[5] dele? Pessoalmente, eu me importo.

MUSH   E nós disparamos pra lá agitados, Michael, e esses dois sujeitos ingleses... um deles enterrando o cabeção no Des.

---

[5] "Pioneer pin", no original. Refere-se a um alfinete com a imagem do Sagrado Coração de Jesus, usado como distintivo por uma associação da qual fazem parte membros que buscam resistir ao álcool por intermédio de ajuda divina.

HARRY   Vai ser um trabalho terrível, comprar cerveja pro Des e conhaque pro Dada.

MUSH   Mas eles viram a gente chegando e foram escapando agitados, e o Des estava caindo e um deles, sabe, gritava "ele estava querendo", mas o Hugo deu um chute bem no cu dele quando ele estava fugindo pelo corredor. E o seu pai ficou puto pra caralho quando soube que eles tinham se safado.

HARRY   Mas no lugar que *você* estava, você poderia ter batido no outro camarada.

MUSH   Mas eu tentei, Har, eu juro. Você não me viu? Mas ele estava vindo nesta direção... percebe?... E eu tinha que dar o soco com a direita. Mas, normalmente, eu dou soco com a esquerda, corto com a direita, porque eu não consigo esticar este dedinho... percebe?... Desde o meu acidente.

HARRY   (*veladamente se divertindo*) Hah?

MUSH   (*ri*) Rah-raa, Har! (*Cantarola*).
E Harry deu porrada e Iggy deu porrada
E Hugo deu porrada e então
Sobre o chão, todos mortos por nocaute,
Ficaram os malditos ingleses!

MICHAEL   O Des está bem?

HARRY   Os malditos ingleses, os ingleses nojentos. Tem um monte de irlandeses nojentos também. Não tem?

MUSH   Uma batelada deles. Eles são todos iguais.

HARRY   Eles não são iguais.

MUSH   Não, oh não, alguns são bastante diferentes. Alguns são mais valentes, como você e o Iggy. São dos...

MICHAEL   O Des está bem?

HARRY   Você não vê que o cara está falando? (*Para* MUSH) Eles não são iguais.

MUSH   Era o que eu ia dizer.

HARRY   Bem, então diga.

MUSH   São dos sacanas fingidos que eu estou falando. Você tem que ficar de olho neles o tempo todo.

HARRY   Que sacanas fingidos?

MUSH   Aqueles sacanas sorridentes que começam a te fazer favorzinhos porque querem alguma coisa de você. E se eles não fazem alguma coisa pra você, é porque também querem alguma coisa com isso.

HARRY   Pessoalmente, por que um homem deve fazer nada por nada?

MUSH   Eu sei, mas eles negam isso, e aí você não sabe onde está. Esses camaradas no comando dizem que estão conduzindo as coisas pelo que eles conseguem colocar nas coisas. E eles só estão lá pelo que eles...

HARRY   Conseguem tirar das coisas.

MUSH   Por isso o mundo é tão ridículo do jeito que é.

HARRY   Eu não ligo.

MUSH   Nem eu. Mas essa é a minha opinião. E é como eles fingem cara de sério que me emputece mais. Pra matar, fazendo umas putas caretas sérias, organizados e o caralho. Mas o tempo todo um olhinho está dançando uma valsa engraçadinha e lenta pra ver se o chefão, ou o padre, ou alguém enxerga como eles estão fazendo caretas pra matar.

HARRY   Os piedosos são os piores.

MUSH   Aqueles que dizem "Paadre"... desse jeito: "Paaadre". Os filhos deles são sempre uns burros. Mas mesmo assim eles conseguem os bons postos de trabalho. No Conselho Municipal e o caralho.

HARRY   São esses aí que fingem que não te conhecem quando te encontram.

MUSH   Mesmo aqueles que estavam na sua sala de aula.

MICHAEL Isso é por causa do que eles acham que vocês sentem por eles. Não é como eles se sentem. Eles não têm a intenção de...

HARRY Pensando com tanta força, quando eles te encontram, que eles não te enxergam porque estão pensando tão fundo.

MUSH Ah, mas nós somos todos iguais e amamos o próximo. Reze por aqueles que te perseguem...

HARRY E te caluniam...

MUSH E te fodem. (*Eles riem*). (*Para* MICHAEL) Afinal, você fica atento com os clientes?

MICHAEL Eu...

HARRY Ele conhece eles.

MICHAEL Eu os conheço. Mas eles não me mordem.

MUSH Você já reparou no jeito como eles torcem os narizes, especialmente quando...

MICHAEL Não é preciso...

HARRY O quê?

MICHAEL Exagerar.

HARRY   Ele não está exagerando. Eles fazem isso. Em todo caso, exagerando o quê? Você não sabe o que ele ia dizer, então como sabe que é exagero? Percebe? Seu maior erro é achar que eles não fazem isso com você. Continue, Mush. Eles torcem os narizes.

MUSH   Sabe, quando eles estão usando seus quatro casacos de pele de regateiros e seus sapatos de couro de crocodilo, eles torcem os narizes.

HARRY   Isso mesmo.

MICHAEL   Isso é por causa do cheiro das peles e dos crocodilos.

HARRY   (*rejeita a piada*) Negativo-negativo-negativo-negativo. Os caras britânicos! E os sorrisos, os olhares enviesados, e cuspindo por cima do ombro esquerdo, estranhos.

MICHAEL   E os irlandeses caipiras.[6]

HARRY   Você não é um irlandês caipira?

MICHAEL   Nós todos somos irlandeses caipiras e os caras britânicos sabem disso.

HARRY   Então nós não podemos decepcionar eles, se é isso o que eles acham. Pessoalmente, eu não decepcionaria eles.

MICHAEL   Desse jeito você não vai se enquadrar em lugar nenhum.

---

[6] "Paddies", no original. Termo xenófobo e difamatório para se referir aos irlandeses.

HARRY   Quem é que quer?

MICHAEL Eu quero.

HARRY   Você quer ser um irlandês caipira britânico?

MICHAEL Não. Mas muita coisa depende da própria pessoa se enquadrar em um lugar. Senão, é melhor ficar em casa.

HARRY   Depende da própria pessoa?

MUSH   Depende da gente?

MICHAEL Dar e receber.

MUSH   Da gente? A gente não teve chance. Har? Muito jogo sujo, muito óleo de palma, muitas Virgens Marias mexendo os pauzinhos e falando de mérito.

HARRY   Muita gente sorrindo. Muita...

MUSH   É o que eu estava dizendo.

HARRY   Muita gente dizendo olá. Muita...

MUSH   É o que eu estava dizendo, Har.

HARRY   Hah?

MUSH   Que todo mundo tem um motivo hoje em dia, mesmo pra um sorriso.

HARRY   Hah?

MUSH   É o que eu estava dizendo um minuto atrás.

HARRY   (*pondera por um instante*) Ok. Qual é o motivo pra você andar comigo por aí?

MUSH   Hah?... Oh, é... Bem, a gente estudou na mesma sala. Lembra? Eu, você e o Hugo no banco dos fundos.

HARRY   Mas a troco de que você está sorrindo? O que você quer?

MUSH   Ah, conversa, sacanagem, não leve tão a sério.

HARRY   Ah, mas eu levo.

MUSH   Mas é somente com algumas pessoas, Har, que...

HARRY   É. Qual é o motivo do Michael?

MUSH   Pra quê?

HARRY   Pra qualquer coisa. Pra manter a gente aqui.

MUSH   Deus, eu não sei. Irmãos, vocês são todos irmãos.

HARRY   Negativo-negativo. Por que você faz isso Mikey? E, eu acho, é você que está nos perseguindo. E você não gosta de nós, eu acho. Hah? Diga pra nós, Mush.

MUSH   Deus, eu não sei. Eu suponho que ele não tem escolha.

ATO UM

HARRY   Hah? (*Em seguida ele ri*).

MUSH   Ah, conversa, eu não quis dizer isso desse jeito.

MICHAEL   Já chega de papo furado por aqui.

MUSH   Bem, eu já vou indo.

HARRY   Senta aí.

MUSH   Não, de verdade, aquela esquisita deve estar esperando a esta hora. Eu só quero dizer pra ela que não estou disponível esta noite. Te vejo mais tarde. Saudações! Tchau! (*Sai.*)

Pausa. HARRY, *primeiro, e em seguida* MICHAEL *apanham cigarros e cada qual acende o seu.*

MICHAEL   Harry, eu queria... Nós precisamos ter uma conversa.

HARRY   No caso de você estar pensando que eu estou bêbado ou algo assim...

MICHAEL   Não, eu não estava pensando isso. Eu sei que você não está.

HARRY   Sobre o que você quer conversar?

MICHAEL   Bem...

HARRY   O Dada, é?

MICHAEL Não, sobre o Des.

HARRY O que tem ele?

MICHAEL Ele está bem?

HARRY Ele está bem.

MICHAEL Bem, ele é o mais jovem.

HARRY É?

MICHAEL Ele é apenas um moleque e, bem, pode ainda não ter muito juízo.

HARRY Não vai demorar muito pra que ele fique esperto aqui... O que você está insinuando?

MICHAEL Bem, depende de nós dois... Depende de nós garantir que ele volte pra casa, digamos, em uma semana.

HARRY E por quê?

MICHAEL Só depende de nós dois. Ele é somente um moleque e, bem, não tem mais ninguém em casa agora com a mãe.

HARRY Não tem o Dada?

MICHAEL O Des não tem chance por aqui.

HARRY Chance de quê?

MICHAEL Veja por este ângulo. Seria, assim, muito bom, não seria, se o Des fosse alguma coisa? Alguém na família.

HARRY Oh é, é, claro.

MICHAEL Nós poderíamos ter orgulho dele. Algum de nós finalmente conseguiria alguma coisa decente, um bom emprego. Todo mundo se gaba de alguma coisa. Nós nunca tivemos...

HARRY Temos o Dada, e...

MICHAEL O Des é jovem ainda. Ele ainda poderia conseguir... *alguma coisa*. Nós todos somos... Todos nós... Bem, falando francamente, a gente não conta.

HARRY Um médico talvez?

MICHAEL Alguma coisa... Não... Alguma coisa.

HARRY Um advogado talvez?

MICHAEL Não, só alguma coisa, respeitável, pra ficar em casa.

HARRY Besteira! Ser alguma coisa como você, é isso, com medo da própria sombra?

MICHAEL Espere aí...

BETTY está de pé à porta da cozinha.

HARRY   Então a gente teria orgulho dele, é isso? Depende de nós dois, você e eu. Besteira, palhaçada, lenga-lenga! Você acha que eu sou um idiota? O Des pode fazer o que ele quiser. Em todo caso, ele vai ficar aqui. Nós precisamos dele.

MICHAEL   Não digo que ele tenha que ser um médico ou um... O que você quer dizer com precisamos dele?

HARRY   Apenas precisamos dele, é tudo. Em todo caso, ele vai ficar. Não tem ninguém forçando ele, mas ele ainda não vai pra casa.

BETTY   Os Mulryan.

HARRY   Ah, Betty Futriqueira dando com a língua nos dentes! Bettyzinha dissimulada fazendo escuta pelos buracos das fechaduras!

MICHAEL   Pelo amor de Deus, vocês não vão enfrentar os Mulryan?

BETTY   Atrás da fábrica velha, lá na Estrada da Pedra.

HARRY   Tinha uma mulherzinha chamada Betty. Conhece? O Mush tinha me contado. Ele conhece todas essas do tipo.

MICHAEL   Agora, espere aí...

HARRY   Tinha uma mulherzinha chamada Betty, ela se esgueirou por trás do sofá; o sofá quebrou...

MICHAEL   Mas por quê?

HARRY   Por que não?

MICHAEL   Por que brigar com os Mulryan?

HARRY   Oh, muitos acham, sabe, que a gente não é pra eles. Mas isso não ia te incomodar. É apenas como o Dada disse, você não tem orgulho.

MICHAEL   O Dada já está metido nisso?

HARRY   A gente contou pra ele. Os Mulryan estavam se gabando muito do que eles fariam com a gente, então nós mandamos o recado pra eles de que estamos esperando por eles. Os Carney contra os Mulryan. Todos os Carney: eu, o Iggy, o Dada, o Hugo e o Des. O Des vai mandar bem. Cinco de nós, sete deles.

MICHAEL   Você ficou louco. Você sabe o que está fazendo dessa vez? Você sabe o tipo de gente que eles são, como eles brigam.

HARRY   Você sabe como eu brigo. Somos todos homens de ferro. Não apenas o Iggy. Pergunte pro Dada. Brigo a noite inteira, Michael. Com qualquer um. (*Levanta o punho*) Ferro, olhe. Ah, mas olhe, mais ferro. (*Retira do seu bolso uma ferradura que ele usa como soqueira. Ele dá uma pancadinha no ombro de* MICHAEL *com ela*) Uma lembrancinha da Irlanda. Ferro, cara. Que ninguém nunca diga que houve um frouxo na família! Ou houve? Hah? Nem mesmo um? Houve um frouxo em nossa família, Michael? Vamos, diga aí pra patroa.

MICHAEL Se vocês têm que brigar e ser mortos, não arrastem o Des pra dentro disso, é tudo.

HARRY Frouxo, frouxo, onde está o frouxo?

MICHAEL Esse tipo de coisa não me incomoda de jeito nenhum.

HARRY Hah?

BETTY E você vai ter que começar a procurar um novo alojamento.

HARRY Hah?

MICHAEL Só não arrastem o Des pra dentro disso.

HARRY Hah?

BETTY Nós vamos redecorar a casa.

HARRY Agora, sua vadia, o que você acha de manter sua boca inglesa fora disso e deixar os *homens* da casa conversarem? (*Para* MICHAEL) O que você estava dizendo? Você está cansado de nós, é isso? O Mush diz que você não tem escolha. O que você acha?

MICHAEL Minha preocupação neste momento é com o Des.

BETTY   E você só terá que dar o fora, isto é tudo.

HARRY   Olhe, por que não volta lá pra faxina?

(*Vozes de homens fora*).

BETTY   Você não fale assim comigo.

MICHAEL   Vamos com calma.

HARRY   Você quer falar sobre o Des? Bem, eu acho que a gente devia ter uma conversa também, sobre outra coisa. Aquela noite com os muçulmanos.

MICHAEL   Em outro momento. Eles chegaram.

HARRY   Dois dias no hospital.

MICHAEL *abre a porta do saguão. IGGY, HUGO, DADA e DES estão entrando pela porta da frente. Eles entram na sala. DADA é um homem alto e atraente, e está ciente disso. Ele tem por volta de sessenta anos. DES é um jovem crescido e ágil. Muito ansioso para ser aceito. Às vezes tende à arrogância. Neste momento ele se comporta timidamente. Seu rosto traz algumas marcas da briga.*

HARRY   Nós estávamos justamente falando de vocês.

DADA   Rah-ra, sim. Como você está, Michael? (*Aperto de mão caloroso em* MICHAEL).

MICHAEL Sejam bem-vindos, sejam bem-vindos. Entrem. Não diga que este é o Des?

DES (*timidamente; murmura*) Michael. (*Aperto de mão desajeitado*).

DADA Este é o Desmond.

MICHAEL Eu pensei que você seria um rapazinho deste tamanho. Entrem.

DADA Obrigado.

MICHAEL Sentem-se, sentem-se.

DADA Obrigado.

MICHAEL Oh, esta é minha esposa, Betty. Betty, este é o Dada. E o Des.

DADA (*levanta-se, faz uma reverência, aperta a mão dela calorosamente*) Eu ouvi falar muito sobre você. Como vai, madame!

BETTY (*impressionada com ele*) Sr. Carney. (*Ela aperta a mão de DES, que permanece sentado*) Como vai! Deixe que eu leve os seus casacos.

MICHAEL Sim, tirem os casacos.

DADA   Espero que não sejamos um grande incômodo, um transtorno.

BETTY   De jeito nenhum, de jeito nenhum.

MICHAEL   De jeito nenhum.

BETTY *leva os casacos para o saguão.*

DADA   Bem, você está parecendo bem, Michael. É uma boa mulher essa que você conseguiu.

MICHAEL   Você também está parecendo bem.

DADA   Não consigo evitar, não consigo evitar.

MICHAEL   Não, eu suponho... Como está a mãe? (*Pausa breve.* DADA *sente que existe uma acusação nesse tipo de pergunta.*)

DADA   ... Ótima, ótima. Mandou lembranças. Para todos vocês. Eu queria que ela viesse com o Desmond e eu ficaria em casa... não é mesmo, Desmond?... Ou mesmo que ela viesse conosco, sim, mas vocês conhecem a sua mãe. Alguém poderia levar a casa embora. E... Rah-raa!

MICHAEL   ... A travessia foi turbulenta?

DADA   Um pouco, um pouco. (*Risadinha*) O Desmond não se sentiu muito bem. No entanto, não afetou um velho marinheiro como eu.

MICHAEL   Não.

BETTY Preparo o chá agora?

MICHAEL Oh, sim, faça isso, faça isso.

DADA (*levantando-se*) Não se dê ao trabalho agora, madame. Só uma xícara.

BETTY (*saindo para a cozinha*) Não é trabalho nenhum, sr. Carney.

DADA Sim, uma boa mulher que você conseguiu Michael.

MICHAEL Eu quase não reconheço o Des, sinceramente: ele cresceu tanto. Como vão as coisas com você, Des?

DES Bem.

DADA Ele tem sim os ombros do seu velho, não tem?

MICHAEL Deve ser difícil tentar manter um rapaz como este alimentado em casa.

DADA (*pausa breve*) ... Não nos falta nada em casa.

MICHAEL (*rapidamente*) Eu sei, eu sei. Só estou brincando sobre como o Des cresceu. (DADA *olha para* HARRY, IGGY *e* HUGO) Oh, uma coisa que eu ficava pensando com frequência. Aquelas árvores que a gente plantou. Você se lembra? Elas cresceram?

DES Oh, é.

MICHAEL Antes que eu... antes que eu viesse pra cá, eu e o Des descemos até o bosque um dia e pegamos essas cinco mudas de freixos. E as plantamos contra o muro nos fundos da casa. Cinco delas, uma para cada um de nós, os cinco irmãos, sabe. Eu ficava me perguntando, todas elas cresceram?

DES Cresceram. Eu acho. Algumas delas.

DADA Eu nunca as vi. Em todo caso, é perigoso ter árvores assim perto de uma casa.

HUGO Os temporais e tudo mais.

DADA Não apenas isso, mas o dióxido de carbono. Gás. As árvores emitem isso à noite. O dióxido de carbono. Ele te envenena. (*Os filhos, exceto* MICHAEL, *constituem uma boa plateia para esse tipo de coisa proveniente de* DADA.)

MICHAEL O que você está fazendo agora?

DADA Ah... Trabalho, é isso?

MICHAEL É.

DADA Alguma coisa em vista, sabe.

MICHAEL É?

DADA Sim. Um bom emprego a caminho. (*Pausa breve*) Rah-raa! Você nunca perdeu isso, Michael. O preocupado de sempre. Ele não é o preocupado de sempre, rapazes? (*Convidando-os para rir com ele*) Ele não é o preocupado de sempre?

MICHAEL (*para* DES) O que você acha de Coventry?[7]

HUGO Ao contrário: o que Coventry acha dele, eh, Dessie? (DES *apalpa o ferimento no rosto*.)

DADA Sim, Coventry já causou sua impressão.

MICHAEL Está tudo bem?

DES Não é nada. Dois camaradas no... sabe, do bar. Eles estavam rindo, sabe, e falando sobre... Bem, irlandeses caipiras.

HUGO Esperem até ouvir isso. Continue, Des.

DES Meio que, bem, meio que caçoando do Iggy e do Hugo. Eles deviam estar escutando a gente lá de dentro. E eu, assim, fui até eles e disse, "Bem, eu sou um irlandês caipira", eu disse...

MICHAEL Você não devia ter dado bola pra...

HARRY Continue, Des.
HUGO Shhhhh!

---

[7] Cidade e distrito metropolitano do Reino Unido, localizado na região oeste da Inglaterra.

DES   Bem, eles vieram pra cima de mim. Bem, eu tive que me defender. Bem, tive que tentar. Dois deles. Um deles meio que avançou contra mim com a cabeça, com a testa...

HUGO   O cabeção...

DES   E eu ganhei isto (*O ferimento*). Vi estrelas por um minuto e, em seguida, bem, apaguei. (*Todos riem, exceto* MICHAEL.)

DADA   Eu queria estar lá quando tudo aconteceu. Irlandeses caipiras! O povo irlandês fala melhor do que o povo inglês.

HUGO   E a rua O'Connell[8] é a rua mais larga do... do mundo.

DADA   Mas espere aí, Desmond. Você disse, bem, eu sou um irlandês caipira, certo?

DES   Eu disse...

DADA   E onde é que você ficou nessa hora?

DES   Bem, eu fiquei... Bem, eu cruzei, e eles estavam... sabe?...

DADA   Mas você ficou no meio do... banheiro?

---

[8] "O'Connell Street" é uma das principais ruas do centro de Dublin. Possui 49 metros de largura em sua extremidade sul e 46 metros em sua extremidade norte; sua extensão é de meio quilômetro.

DES   E eles estavam meio que... sabe? E...

DADA E eles vieram pra cima de você, certo?

DES   Bem, eles estavam... ah... e eu só larguei quando....

DADA Mas você não fez a conexão apropriada?

DES   Eu...

DADA Apropriadamente...

DES   Eles estavam vindo me pegar, e eu...

DADA Eles te rasgaram. Então o que você fez?

DES   Quando eles...?

DADA Sim, te atacaram.

DES   Eu... eles... Bem, a cabeça dele...

DADA Você esperou por eles, certo?

DES   Eu...

DADA Errado. Errado, garoto. Seu grande erro. Você devia ter... Bem, pergunte ao Ignatius, Henry. Aposto que eles concordariam. Você não devia ter ficado lá.

HUGO Devia ter chamado a gente.

ATO UM

DADA   Não. Estou surpreso com você, Hubert. Suas costas para a parede, homem. Proteção, a parede, suas costas para ela. Ignatius?

IGGY   Ninguém atrás de você.

DADA   Suas costas para a parede.

IGGY   E se mantenha em movimento.

DADA   Lembre-se disso agora. Nem sempre você poderá contar comigo, ou com seus irmãos. Então o que você faz?

DES   Volta pra parede... e se mantém em movimento.

DADA   E um último conselho. Jamais espere alguém, um amigo ou qualquer um, para te ajudar na briga. Enquanto você fica procurando por esse amigo, pode ser o seu fim. Se alguém se juntar a você, muito que bem, mas mantenha os olhos no adversário.

HARRY   E se alguém se juntar a você, não fuja.

DES   Mas eu não faria isso.

DADA   Existe bom material no Desmond.

DES   Eu não faria isso.

DADA   Nenhum receio de que ele faça isso.

HARRY   (*olha para* MICHAEL) Só para o caso de que ele possa ser mais um sacana no último minuto.

DES   Eu sei de uma ou duas coisas.

HARRY   Eu sei. (*Olha para* MICHAEL) Nós temos meio que uma piada aqui sobre velocistas.

MICHAEL   (*saindo para a cozinha*) O chá está pronto? (DADA *dá uma piscadela às costas de* MICHAEL *para o divertimento velado dos outros.*)

HARRY   Você não viu a garrafa? (DES *olha para ele*) ... No pequeno peitoril da janela. Coberta de poeira e teias de aranha. Você não viu ela? O que aquilo estava fazendo lá?

IGGY   Um soco forte é suficiente.

HARRY   Negativo-negativo, uma garrafa é melhor do que um punho. Uma garrafa quebrada é melhor do que dois punhos. Vai ver o medo de Deus que ela causa neles e eles começam a se afastar de você.

IGGY   Já vi camaradas brigando melhor por causa do medo de Deus.

HARRY   Negativo, não com vidro pontudo na frente dos olhos deles. Eles não sabem o que fazer de tanto medo. E o cara tenta se safar com as mãos, e elas começam a sangrar primeiro...

MICHAEL (*entrando com algumas coisas para o chá*) Vamos com calma, Harry...

HARRY Preste atenção, Des...

MICHAEL Vamos com calma...

HARRY O Michael, o nosso corredor de milha, não gosta de vidros, ele não gosta de sangue, ele não gosta da gente, ele não gosta de nada!

IGGY E-e-e se não tiver a garrafa, e aí?

HARRY Tem sempre isto. (*Exibe a ferradura.*)

HUGO Ou uma corrente ou uma lima ou um cinto ou uma cadeira.

HARRY Preste atenção, Des. Aprenda comigo e eu vou te transformar em um profissional, dos bons.

MICHAEL Venham, o chá está esfriando.

HARRY O que você acha melhor, Dada, garrafas ou apenas punhos? É o Iggy ou eu que está certo?

MICHAEL Dada, já deu. Este tipo de conversa é...

DADA Ah, essa é uma discussão boa e salutar. Poderia salvar a vida de um homem. Agora, punhos ou garrafas. Bem, quando eu tinha a sua idade, eu podia esmagar qualquer homem que cruzasse o meu caminho com meus punhos. Rah-raa, Ignatius! E eu ainda posso, não tenham dúvidas quanto a isso. Um homem, dois homens ou três homens. Depois disso... Rah-raa, Harry!... Não vejo prejuízo em pegar um... um taco para equilibrar os números. Você me entendeu agora?

HARRY   Por que sempre correr o risco, brigando de forma justa com alguém?

DADA   Depende de você. Consegue acabar com ele sem um taco?

HARRY   Afinal, por que pergunta?

DADA   Sim.

HARRY   Hah? Uma briga é uma briga, Dada.

DADA   Isso mesmo.

HARRY   Hah?

DADA   Isso mesmo. É uma questão muito pessoal, e depende da pessoa envolvida.

BETTY   (*entrando com coisas para o chá*) Vocês gostariam de se sentar à mesa agora?

DADA   Obrigado, madame.

HARRY   Hah?

DADA   Ah, o chá! (DADA *e* DES *começam a comer.*)

BETTY   Chá, Harry? (HARRY *a ignora.*)

DADA   Muito saboroso. Você é uma cozinheira muito boa, madame.

BETTY   Oh, eu gostaria de ter feito algo melhor para o senhor, sr. Carney.

DADA   Muito saboroso. (BETTY *sai para a cozinha*) Sim, é uma mulher muito boa essa que você conseguiu aqui, Michael.

MUSH   (*entra*) Deus abençoe o trabalho! O Harry está aqui? (*Avista* HARRY) Uma daquelas suas de cabelo comprido está esperando no fim da rua.

DADA   Você está namorando, Henry?

        Os outros riem. HARRY *faz cara feia.*

MUSH   (*para* DADA) Ouvi dizer que as coisas estão muito ruins no país da Mary Horan, sr. Carney?

DADA   O quê?

MICHAEL A Irlanda: o país da Mary Horan.

MUSH   A economia destruída desde que caiu a exigência dos distintivos no dia de São Patrício. (*Eles riem. Para* HARRY) Bhuil tú ag teacht? (HARRY *sai, seguido por* MUSH. *Enquanto ele se retira*) Slán libh!

DADA   Slán leat!

BETTY   (*entrando da cozinha com uma tigela de frutas*) Eu acabei de colocar um pouco mais de comida no fogo, sr. Carney, não vai demorar.

HUGO   Você fala irlandês, Dada?

DADA   Fluentemente. Tenho muitas conversas lá em casa com o John Quinlan. Sabe, o John, o médico. E o Anthony Heneghan... Ele é um arquiteto. No clube. E com frequência, só por diversão, falamos apenas em irlandês, a noite inteira. No clube.

MICHAEL Acho que eu conheci o Anthony Heneghan.

DADA   Um jovem magnífico, culto, apreciador de um bom copo.

MICHAEL Ele estava poucos anos à minha frente na escola.

DADA   Você deveria ter continuado para ser um arquiteto.

MICHAEL Dois anos em uma escola secundária não teriam feito de mim um arquiteto.

DADA Sua tia teria te mantido naquela escola, mas, ao invés disso, você ficava correndo de volta para nós em cada chance que tinha. Eu não achava que você gostasse tanto de nós naquela época. Hah, rapazes? (*Sorri para os outros*) Mas é um trabalho magnífico de qualquer forma, um arquiteto, e muito dinheiro nisso. E nada demais. Mesmo o Anthony reconhece isso. Claro, qualquer um pode desenhar uma casa.

MICHAEL (*para* DES) Quanto tempo você acha que vai ficar?

DADA Eu vou tirar uma semana, talvez dez dias, para ver se vocês todos estão bem.

MICHAEL (*para* DES) É?

DES Eu acho que vou ficar um pouco mais. Vou conseguir alguma coisa aqui pra me manter. O Harry disse que, em todo caso, ele me ajeitaria.

MICHAEL Eu pensei que você estivesse começando na nova fábrica lá em casa?

DES Umas míseras libras de merda. Não me apetece muito.

DADA O rapaz também possui o vírus da errância. Você acha que gostaria daqui, Desmond?

MICHAEL Seria melhor pra você em casa.

DADA Eu pensava que vocês dois costumavam se dar bem.

DES   Eu acho que vou tentar isto por um tempo, Michael.

DADA   Agora você quer mandá-lo de volta, e ele acabou de chegar.

MICHAEL Não seria muito bom pra você ter alguém em casa?

DADA   Não achei que eu parecesse tão velho. Pareço, garotos?

MICHAEL Bem, pela mãe então.

DADA   Naturalmente que nós queremos manter o garoto, mas eu não manteria um rapaz longe do que ele mesmo quer, apenas para ficar andando ao redor da casa. Não estou certo? Este sempre foi o meu jeito. Livre-arbítrio.

DES   Tem chefes demais naquele emprego da fábrica. Exploradores de escravos. Aqui você não tem que lamber os sapatos de ninguém.

MICHAEL Ninguém gostaria mais do que eu que você ficasse aqui, mas o emprego lá em casa é bom, garantido.

DADA   Por que você está desencorajando ele?

MICHAEL Não existem muitos por aqui pra todos, Dada. Em casa é uma aposta melhor.

DADA   Você está projetando uma sombra sobre seus irmãos, Michael.

MICHAEL Ele poderia ir pra uma escola técnica e tudo mais à noite, Dada. Você não concorda? E então, talvez mais tarde...

DADA O problema com você, Michael, é que você não tem orgulho. Eu não quero pessoas, sujeitos de dois pence, meio penny, dando ordens para que um filho meu, um Carney, fique limpando a porcaria deles.

MICHAEL Eu não vou ficar contra você agora, Dada, mas o que você acha que ele vai fazer por aqui?

DADA Eu não sou um homem que acredita em barras de saia. Desmond é o mais jovem, mas ele não é uma criança. Eu deixei que todos vocês fizessem suas próprias escolhas, tomassem suas decisões. Livre-arbítrio. Sempre acreditei nisso. Então se você fracassou, não pode me culpar por isso. Você tomou suas próprias decisões. Oh, mas você não fracassou, e eu fico orgulhoso, e você fez isso por conta própria. Não importa quem esteja projetando sombras suspeitas. Eu sempre fui um homem orgulhoso, todo mundo vai te dizer isso. Tenho meu orgulho, eu sei, mas, como eu disse, um homem deve ter orgulho. E nas palavras do grande Gene Tunney,[9] um homem deve contra-atacar. O pai dele também era um homem de Mayo.[10]

---

[9] James Joseph "Gene" Tunney (1897-1978) nasceu nos Estados Unidos, filho de imigrantes irlandeses, e lá se tornou um boxeador conhecido, com diversas vitórias entre 1915 e 1928.
[10] Referência a "County Mayo", um dos 32 condados tradicionais da Irlanda. Localizado a noroeste do país, é parte da província de Connacht, e seu nome se deve ao antigo vilarejo de Mayo.

MICHAEL (*para* IGGY) O que você acha, ele deve ir ou ficar?

IGGY Não é problema meu.

MICHAEL Uma resposta direta.

HUGO A gente precisa dele.

MICHAEL (*para* IGGY) Ele sabe pra quê?

IGGY Deixe que ela (DES) faça a escolha. Como o Dada disse, ela não é um bebê.

DES Eu gostaria de ficar, Michael; sério.

MICHAEL Não seja bobo. Você não sabe o que tem aqui pra você.

HUGO Ele não é bobo.

DES Eu sou necessário. Isso é pela família.

DADA Disse bem.

DES Não seria justo se eu voltasse. Os Mulryan. Eles são sete. Eu não acho que seria justo recuar. Em todo caso, eu não faria isso.

DADA Não, não seria certo. Se os Mulryan estão se gabando do que fariam com os meus filhos, então eles têm que entender diferente. Diferentemente.

MICHAEL E quando é que esse grande evento vai acontecer?

IGGY   No momento que eles quiserem.

HUGO   Mandamos o recado pra eles.

DADA   E eu fico orgulhoso de vocês, sua habilidade, como o meu pai ficava orgulhoso de mim; sem medo de homem nenhum, capaz de tudo.

MICHAEL   Um homem de bem não é um marginal.

DADA   Qualquer homem que não possa brigar não vale o que come. Eu estou me segurando, Michael. Um homem deve contra-atacar ao... ao... ao... Um homem deve contra-atacar. Eu mesmo sou um homem de briga, e consigo conversar com os melhores, e conviver com eles. E como o Anthony Heneghan me disse uma noite...

MICHAEL   Este não é o lugar pra outro Carney.

DADA   O quê?... Nós não somos bem-vindos aqui? Eu disse pra vocês, não disse, que ele iria começar com isso.

MICHAEL   Eu não estou começando nada, Dada, escute...

DADA   Não me diga para escutar! Não foi fácil para mim, vir até aqui, mas eu vim. Este sou eu, perdoo e esqueço, tudo pelo bem da família. Eu vim aqui de boa-fé, e a recepção que tenho é uma enxurrada de insinuações.

MICHAEL   Tudo que eu estou pedindo é uma coisa simples.

DADA Não!

MICHAEL Ninguém disse nada sobre boa-fé.

DADA Você está zombando do que eu estou dizendo? Do seu pai. Estão vendo como ele é, rapazes?

MICHAEL Juro por Deus! Tudo que estou dizendo é...

DADA Estão ouvindo ele?

MICHAEL O Des deve voltar pra casa. Eu acho que é o melhor.

DADA E quem é o juiz adequado para essa questão?

MICHAEL Deus, isto é exatamente o que você costumava me dizer quinze anos atrás.

DADA Eu não sou bem-vindo, garotos.

HUGO Por Deus, ele não vai pôr ninguém pra fora comigo aqui.

MICHAEL Quem é que está falando disso? Eu só disse...

DES Eu posso cuidar de mim mesmo, sério, Michael.

DADA Não, ele sabe melhor das coisas, Desmond.

MICHAEL O que é que eu sou?

DADA O quê? Do que você está falando?

MICHAEL O que é o Harry? (*Aponta para* IGGY *e* HUGO) O que eles são? E o que ele vai ser? (DES) O que nós somos, os Carney?

DADA Oh, eu tenho meu orgulho, se você não tem. Como eu disse...

MICHAEL E o que são...
DADA Eu não tenho medo de nenhum homem vivo, e eu consigo conversar com os melhores e...

MICHAEL O que é você?

DADA ... Você não mudou nada. Nós estamos podres... Todos nós... Menos você.

MICHAEL A culpa não é minha.

DADA E é minha?

HUGO A primeira noite do Dada aqui. Ninguém deveria falar com seu pai desse jeito.

DADA Não, Hubert, ninguém deveria. Mas ele é o nosso garoto educado. Eu pensei que tivéssemos nos livrado de você anos atrás quando te expulsei, mas você continua grudado.

HUGO Ele que pediu pra gente ficar aqui.

DADA   Ele quer viver entre os homens, mas não tem colhão. Pior, ele quer dar as ordens. Você! Você é como um cachorro sarnento: quanto mais é chutado, com mais força ele gruda. Este é você! E ele te chama de podre. Ele! Eu vim até aqui por um bom motivo. E você está dizendo que o Desmond está voltando para casa?

MICHAEL Não precisa ficar nervoso.

DADA   O quê? O quê!

MICHAEL Não tem ninguém tentando dar ordens. Eu só quero que a gente se dê bem. Nós somos uma família e...

DADA   E quem está destruindo a família?

MICHAEL Não precisa ficar nervoso.

DADA   Nem tente blefar! Você deve saber que isso não vai funcionar comigo. Você pode até ter lábia, mas não consegue agir. Ações falam mais alto que palavras. O homem de palavras perde para o homem de ação. Ou talvez você tenha mudado, ficou corajoso? Talvez você vá agir?

DES   Eu acho que vocês estão ficando exaltados por nada.

DADA   Você não o conhece.

MICHAEL Quem você pensa que é?

DADA   O mesmo homem que eu sempre fui.

MICHAEL   Isso não é como vinte anos atrás.

DADA   (*tira o cinto*) Inclusive o mesmo cinto. Veja.

MICHAEL   Ficou maluco? Lembre-se que você está na minha casa agora.

DADA   Ah, e você não é formidável por ter uma casa, por se sair tão bem. Nós ficamos orgulhosos de você. Mas ela já está paga? Não muda nada de quem é a casa. Ou talvez você seja o chefe aqui, não é? Ao contrário da sua aparência de cachorro leal. Mais algumas instruções, cachorrinho, mais alguma zombaria?

BETTY *entra com uma bandeja de comida.*

MICHAEL   Nós estamos todos crescidos. Agora nós não somos mais crianças.

DADA   *Nós? Nós?* Eu estou falando com você! Você, só você! Você é mais crescido que nós?

MICHAEL   Você não pode entrar aqui e...

DADA *avista* BETTY: *ele hesita por um instante — constrangido —, em seguida açoita a mesa brutalmente com o cinto; ele sente que se deixou ficar desapontado; isso o leva a excessos.*

DADA   Lá para cima, traste de merda, nós vamos colocá-lo na cama, como nos velhos tempos! (IGGY *e* HUGO *posicionam-se, um de cada lado de* DADA. *A atitude geral é de ameaça.* MICHAEL *agita as mãos, querendo dizer acalmem-se, e sai pela porta do saguão.* BETTY *o segue.* DADA *hesita, então ri cruelmente atrás de* BETTY) Rah-raaaa!... Eu mostrei para ele. Ele nunca mudou, nem um pouquinho. Como nos velhos tempos! (*Ele joga os braços em torno de* HUGO *e* IGGY) Mas vocês sabem que eu senti muito a falta de vocês em casa. Eu estou feliz por ter vindo. Estou feliz. Sim. Ah, vocês são rapazes formidáveis. (DES, *sentado, está olhando para eles.*)

ATO DOIS

A noite seguinte.

DADA está se olhando no espelho de diferentes ângulos. Mas, por fim, ele permanece imóvel, seu rosto desesperançado, mirando-se no espelho. Ouve-se MICHAEL descendo as escadas. DADA reage hesitantemente. Por fim, um instante de provocação infantil quando ele apanha um charuto e considera acendê-lo. Ele muda de ideia e o coloca de volta no bolso. MICHAEL entra. Ele quer conversar com DADA. Ele ajusta a gravata desnecessariamente, penteia o cabelo novamente, encontra um lenço no aparador. O silêncio continua, embora seja óbvio que ambos gostariam de conversar. Por fim, DADA sai, assoviando desafinadamente. MICHAEL fica aborrecido por ter perdido a oportunidade de uma conversa em particular. Em seguida DADA torna a entrar, e começa bruscamente.

DADA   Pelo bem da família... ah... Desejo que... que... que... Atrito é uma coisa ruim domesticamente, uma coisa ruim... Sim. (*MICHAEL está contente. Ele não sabe como começar. Ele abre a boca para falar*) Não. Já foi dito o suficiente. Sim. Atrito interno é sempre ruim domesticamente. Sim.

MICHAEL   ... Vai fumar, Dada?

DADA Não, eu vou fumar... (*Leva a mão ao bolso para o charuto. Muda de ideia*) Ah... eu vou. Obrigado. (MICHAEL *acende os cigarros*) Obrigado. (*Pausa*) Cigarro muito bom. (*Pausa.*)

DADA } Eu espero...
MICHAEL } Eu queria que...

DADA Sim?

MICHAEL Não, Dada, o que você ia dizer?

DADA Oh, apenas que eu... Eu espero que você reconheça a coragem moral que precisei para... O dever.

MICHAEL Sim, claro.

DADA Não foi fácil para mim o... Atrito interno é ruim... e...

MICHAEL Sim, eu sei, eu reconheço isso.

DADA O dever.

MICHAEL Sim.

DADA A família.

MICHAEL Sim. É sobre isso que eu também queria conversar.

DADA (*desconfiado*) Bem, talvez devêssemos adiar... O quê?

MICHAEL Faz alguns bons anos... Faz muito tempo desde que a gente te viu e... Bem, nós não ficamos em casa por muito tempo.

DADA Sim?

MICHAEL Nós estamos mudados, mais do que você imagina.

DADA Você acha mesmo, filho?

MICHAEL Você não... Quero dizer, os outros. Eles ficaram completamente...

DADA Combativos.

MICHAEL Não. Eles são nomes conhecidos.

DADA Nomes conhecidos?

MICHAEL Não, eu não quero dizer nesse sentido.

DADA Os Carney.

MICHAEL Quero dizer, nesta área. E eu estava ficando um pouco preocupado, e me mudei pra cá também. Sabe?

DADA O Henry está falando em comprar um carro.

MICHAEL Eu pensei que poderia recuperar a sobriedade deles.

DADA Imenso prestígio está associado a um carro.

MICHAEL Falando francamente, Dada. O Harry tem umas mulheres trabalhando pra ele. Você sabe, sabe o que eu quero dizer. Ele até sugeriu que eu cedesse o quarto da frente pro negócio... dele. E o Iggy é o encarregado de um trabalho pesado de busca apenas nos arredores da cidade, e com a supervisão do Harry, ele dispensa e recruta os clientes do Harry, na sua maioria pretos e homens com dificuldade de arranjar trabalho. E então, em todo dia de pagamento, eles cobram uma libra ou duas por cabeça de todos os que o Iggy recrutou.

DADA Eles estão nisso de um jeito grandioso?

MICHAEL Não. Não é tão grandioso. Eles estão tentando ser espertos, acham que estão sendo espertos. Não tem ninguém pra dizer a eles.

DADA Eles poderiam ser grandes.

MICHAEL Não. É pra onde tudo isso está indo.

DADA Você não recusaria uma libra fácil.

MICHAEL Eu sei, eu sei. Eu sou tão larápio quanto qualquer um. Mas é uma lata de tinta, um pouco de madeira, alguns tijolos...

DADA Ganhe seu dinheiro rápido. É o único jeito. Esse é o jeito que todos eles fizeram. Então adquira um negócio. A família inteira poderia estar envolvida nele. Michael

Carney e Filhos. Rah-raa, Michael Carney *Sênior* & Filhos.

MICHAEL Claro, eu sei, seria formidável, mas...

DADA O quê?

MICHAEL Bem, a polícia...

DADA (*ríspido*) O que têm eles? Eu conheço a polícia. Eu mesmo fui um.

MICHAEL Mas é pra onde tudo isso está indo. E eu tenho esse sentimento horrível de que alguma coisa terrível vai acontecer.

DADA Nenhum perigo. Eu sou muito rápido em avaliar uma coisa boa, uma oportunidade. O engraçadinho do Henry nunca disse uma palavra sobre os empreendimentos dele.

MICHAEL Você sabe o que é...

DADA Michael G. Carney & Filhos, na fachada de uma loja, Michael. Tem tempo de sobra depois para respeitabilidade, quando tivermos mostrado a eles.

MICHAEL Você sabe do que eu estou falando quando digo que ele tem algumas meninas trabalhando pra ele? Crianças. Eu as avisto lá embaixo na rua, em um pequeno café.

Você não sabe o que é tirar umas libras de um trabalhador toda semana?

DADA Tire... o... máximo... de proveito... de uma oportunidade.

MICHAEL Não. Não! E você sabe tanto quanto eu que isso é terrível.

DADA Eles são os únicos nisso, são?

MICHAEL Não, mas...

DADA Bem, então...

MICHAEL Não.

DADA (*perversamente*) E... o que... você... acha... que eu... devo... fazer?

MICHAEL Bem, a primeira coisa...

DADA Arrastar o Desmond para casa atrás de mim?

MICHAEL (*para, considerando isso*) ... É só que eu tenho esse sentimento horrível. Bem, talvez eu não devesse ter mencionado isso ontem à noite. Como você disse, ele não é uma criança agora. E ele é bastante inteligente. E deixe que ele dê uma olhada por aí por algum tempo, e então decida por si mesmo.

DADA Então não sou o otário que você pensa que eu sou?

MICHAEL Eu nunca pensei isso. A primeira coisa é essa briga com os Mulryan.

DADA Não brigar?

MICHAEL Você mesmo sabe o que pode acontecer.

DADA Eu não sei.

MICHAEL Você não estaria fazendo isso por mim, Dada.

DADA Oh-ho-não, eu não estaria fazendo isso por você. Eu nunca fiz nada por você, fiz?

MICHAEL Não, eu não estou falando disso. Você é o único que eles vão ouvir.

DADA Eu sei.

MICHAEL Bem, veja, você sinceramente... Uma pergunta direta agora... Você sinceramente acha que eles devem brigar?

DADA Disse tudo. Você está sempre certo, eu estou sempre errado, o infrator. Não, não diga mais nada. Meus conselhos e opiniões...

MICHAEL Espere um pouco...

DADA São respeitados, procurados pelos melhores em toda parte, em qualquer lugar que eu vá. Mas você sabe de tudo.

MICHAEL Bem, o que você vai fazer sobre isso?

DADA Eu não tenho mais tempo para você. Eu sei como você pensa. Eu vim até aqui como um homem para... para... para... E esta é a recepção. (*Apanha o charuto e o segura provocativamente.*)

MICHAEL Bem, o que você vai fazer?

DADA Disse tudo. Minha responsabilidade, garoto, minha responsabilidade. (*Sai escada acima.*)

BETTY e DES *entram.*

BETTY (*jogando-se em uma cadeira*) Ufa! Está quente lá fora. O Des e eu íamos sair pra algum lugar pela noite, Michael. Não é mesmo?

DES (*ri*) É.

BETTY O que você acha disso, Michael?

MICHAEL (*distraidamente*) É.

BETTY (*para DES*) Você não gostaria de ser tão bonito quanto seu irmão?

DES (*ri*) É.

MICHAEL (*irritado*) Então você poderia conseguir uma mulherzinha bonitinha como eu: inglesa.

BETTY   Nós temos que conseguir uma boa garota pra você, Des. Já sei! Aquela garota bonitinha da papelaria da esquina. Sim, eu acho que ela seria...

MICHAEL   (*furioso*) Por que você está sempre tentando arrumar as outras pessoas? Você acha que elas não sabem como arrumar suas próprias vidas? O que você tem a ver com isso? (*Percebe que está sendo injusto; ele tenta abrandar*) O Des não tem pressa com as garotas, não é mesmo? Não tenha nenhuma pressa pra subir ao altar. Veja o que aconteceu comigo.

DES   Daqui a uns quinze anos.

BETTY   Oh, não, você vai ser muito velho então, vai estar acabado, como o seu irmão. (DES *ri*) Mas quando você se casar, se certifique...

MICHAEL   De que você não veja sua sogra com muita frequência. Mãe e pai. Se certifique...

BETTY   Tem coisas piores do que sogras que você pode ver com muita frequência.

MICHAEL   O quê?

BETTY   Eu disse que tem coisas piores do que ter sogras por perto.

DES   Esposas.

MICHAEL (*ri*) Bom garoto, Dessie.

BETTY   Isto é muito engraçado, com certeza.

MICHAEL Oh-ho, ela está ficando irritada.

BETTY   Não, eu não estou. Seria preciso mais do que isso... não como alguns. Meu conselho pra você é que não se case de jeito nenhum. Sinceramente, os irlandeses não deveriam. (*Sai e sobe as escadas.*)

MICHAEL Caramba, rapaz, hah?

DES   Ela ficou puta? (*Chateada*).

MICHAEL Não. (*Suspira; em seguida*) ... Apenas parece que estou pensando um pouco diferente de outras pessoas ultimamente.

DES   O Dada? Nós vimos ele subindo as escadas quando entramos.

MICHAEL Fale do homem!

DES   Ah, ele está bem. Ele é do contra de vez em quando, e com frequência não é muito prático. Mas esse é sempre o jeito dos homens espertos. (MICHAEL *olha para ele, mas o deixa continuar falando*) Você sabe como é. E ele acha difícil falar de coisas pequenas. E uma coisa estranha, cerca de um mês atrás, ele roubou um sobretudo. ... Sim! O Dada.

MICHAEL Ele nunca fez nada parecido com isso antes.

DES Eu sei. E ele roubou daquele clube de golfe, onde ele gosta de beber. E era o casaco desse Anthony Heneghan. E ele apenas jogou o casaco em uma parede chegando em casa. Eu não sei por quê. Ele não queria o casaco.

MICHAEL E aconteceu alguma coisa?

DES Não. Mas ele não consegue mais beber lá. Ele não sabe que a gente ficou sabendo disso, a mãe e eu. (*Pausa.*)

MICHAEL Como ela está?

DES Oh, ela está... Ela está ótima.

MICHAEL Como você está de grana?

DES Eu estou ok.

MICHAEL Em todo caso, aqui tem algumas libras. Você pode querer alguma coisa.

DES Não, eu estou ok, sério.

MICHAEL (*força o dinheiro no bolso superior de* DES) Aqui, pegue, não seja tolo. Se depois você ficar duro, me avise. Você pode querer levar alguma coisa pra mãe.

DES Obrigado.

MICHAEL Ela está bem, mesmo?

DES É. Ótima. Ela pediu pra te dizer pra você voltar pra casa no Natal.

MICHAEL Pode ser.

DES Não, ela pediu pra ter certeza que você vai. Pra te dizer isso.

MICHAEL Pode ser, sim.

DES Ela disse que mesmo por poucos dias.

MICHAEL São mais de dez anos, sabe.

DES Deus, seria formidável. Não seria formidável se todos nós estivéssemos em casa juntos no Natal? Subindo a pé até a cidade, todos nós juntos. Eu acho que ela fica meio que sozinha. Nós todos fomos embora, sabe.

MICHAEL É.

DES Eu acho que ela fica meio que sozinha.

MICHAEL (*ficando irritado*) Sim. Ele nunca facilitou as coisas pra ela. Ele... (*Contém-se.*)

DES Bem, ele teve, assim, uma enorme falta de sorte. Mas em todo caso, você poderia se segurar alguns dias, e tentar se acertar com ele. Ele também pode ser compreensivo.

MICHAEL (*reflexivo*) É. Eu nunca pensei que ele fosse estúpido. E se ele fosse, eu não iria ligar. Só está ficando mais ridículo. Não estúpido. Apenas desvairado, o cérebro de uma lebre.

HARRY *e* MUSH *entram.*

HARRY Quem tem cérebro de lebre? Deve ser de você que eles estão falando, Mush.

MUSH De mim, não, eu mesmo sou um homem coelho. Se lembra do coelho, Har? Deus criou as abelhas e...

HARRY As abelhas criaram o mel;

MUSH Deus criou o homem e...

HARRY O homem criou a grana...

MUSH Deus criou o coelho pra correr por toda grama...

HARRY }
MUSH } Deus criou o galgo pra catar o homem pelo cu.

HARRY Mas eu ouvi dizer que o Dada é também um pouco galgo, hah? Ouvi dizer que ele ainda consegue fazer você correr.

MICHAEL Como estão os Flanagan, Des?

DES Aqueles que moravam ao lado?

MICHAEL   Moravam?

DES   Eles se mudaram pra uma casa nova, poucos anos atrás. (MICHAEL *acena com a cabeça para* HARRY.)

HARRY   (*copia o aceno*) O que isso quer dizer?

MICHAEL   Eles têm uma casa nova.

HARRY   É?

MUSH   (*ri*) Flanagan Fedido. Era como a gente chamava ele. Ele varria ruas.

MICHAEL   Isso mesmo. Ele era um varredor de rua. E um dos filhos dele virou engenheiro, e tinha uma filha que virou freira, e outro que estava na universidade quando eu vim embora. Tudo resultado da sujeira das ruas.

HARRY   É, isso é interessantíssimo!

MICHAEL   Mas você estava dizendo ontem, até onde consigo me lembrar, que gente como nós não tem chance de se dar bem.

HARRY   Eu não disse que não *estou* me virando, disse, do meu próprio jeitinho especial e pessoal, disse?

MICHAEL   E o que era o Dada?

DES   Já foi policial.

MICHAEL É.

HARRY É o quê?

MICHAEL E como é aquele seu velho ditado, Mush: "Por que não se daria bem, o filho de um policial?". Nós somos filhos de um policial.

HARRY O Dada fez tudo certo, na minha opinião.

MICHAEL Berrando pela cidade, mais alto do que alguém gritando que é pra desligar a água, que os Carney são os melhores?

MUSH Eram tempos difíceis, Michael, naquela época.

MICHAEL Mais difíceis para o Flanagan Fedido.

HARRY Por que você está tentando acabar com ele? Você acha que ele te deu cintadas demais? Pessoalmente eu não acho que você tenha ganhado bastante cintadas.

MICHAEL Eu só gostaria que algumas pessoas soubessem que muito dessa conversa mole não está no Evangelho.

HARRY (*olha para* DES) Hah?

DES Mesmo agora eu ainda escuto sobre os velhos tempos.

MICHAEL São difíceis de esquecer.

DES   Não, muita gente lá em casa fala do Iggy... e de todos vocês... meio que com respeito. Eles falam, Michael. E eles sabem que o Iggy é chamado de Homem de Ferro por aqui. Mesmo fora da cidade eles têm, bem... um pouco de medo do nome Carney.

MICHAEL   Medo?

HARRY   Medo.

MUSH   Eu concordaria com isso.

DES   Eles meio que admiram isso.

MICHAEL   Deixe disso. Quem nos admira? Eu vou te contar... Eu poderia te contar um milhão de coisas.

HARRY   É, você é esperto.

MICHAEL   Eu estava na cidade outro dia com um camarada, e a gente estava passando pela casa do Doonan. O Doonan, sabe, o carteiro. E os filhos dele estavam brincando do lado de fora. E um deles bateu no outro com uma pedra, justo quando a gente estava passando. E o Doonan apareceu. Ele não perguntou quem fez aquilo nem nada, mas quando me viu, ele gritou, "Vá pra casa, cigano![11] Volte pro seu muquifo, Carney!". Ele não perguntou

---

[11] "Tinker", no original. No contexto da Escócia e da Inglaterra medievais, era uma palavra usada para descrever funileiros itinerantes que consertavam utensílios domésticos. O termo passou a ser usado com conotação ofensiva e mais particularmente associado aos nômades nativos da Irlanda e das terras altas da Escócia.

nada pras crianças, nem olhou pro camarada comigo. Eu era o cigano.

HARRY É? E o que você fez?

MICHAEL Bem, eu achei que não valia a pena dizer nada para um homem como...

HARRY O que você faria, Des?

DES Eu teria rachado ele no meio, se teria! Ia dar um motivo pra ele me xingar.

MICHAEL E então você tem outro incidente garantido pra...

DES Mas você não começou isso.

HARRY Isso não é uma preocupação pra *ele*.

MICHAEL Mas você estava dizendo que havia respeito.

HARRY Você é um covarde, isto é tudo.

MICHAEL Mas você estava dizendo que eles nos admiram. (*Olha para* MUSH) *Hah? Hah*, Mush? *Você, hah, nos admira, hah?*

MUSH Hah? (*Pausa breve*) ... Rah-raa, Har! Você lembra do McQuaide, o professor da escola? (*Ele começa a saltitar, imitando os maneirismos do professor da escola, e o arremedando*) Venha aqui até mim, O'Reilly! Venha aquii, seu débil mental! Aah, olhem para eele! Olhem para o jeito deele, garotos! Seus joelhos não veem água desde o dia do batismo! Aah, ele acha que é engraçado! (*Agarra sua bochecha entre o polegar e o indicador, e estapeia a outra bochecha com sua mão livre*) Ora... ora... ora! O reetardado se acha engraçado! Onde está o seu amigo sabido? Sr. Henry Carney, vamos tomar seu catecismo. De pé... de pé... de pé quando eeu falo com você! Quem criou o mundo?

DES   MacAlpine![12] (*Eles riem. Então HARRY apanha uma faca da mesa e levanta mechas do cabelo de MUSH com ela.*)

HARRY   Ele alguma vez fez isso com você?

MUSH   (*um pouco assustado*) Sim.

HARRY   Pra ver se tinha alguns piolhos ou pulgas em você, hah?

MUSH   É.

HARRY   (*para MICHAEL*) Mas eu suponho que ele nunca tenha feito isso com você?

MICHAEL   Os professores têm que...

HARRY   Por que eles têm que fazer isso somente com alguns? Você ia imaginar... Eles são professores!... Educados!...

---

[12] Trata-se do inglês Sir Robert McAlpine (1847-1934), fundador de uma companhia de construção civil com o seu nome, uma das maiores empregadoras de operários irlandeses que imigraram para a Grã-Bretanha no início dos anos 60.

Educados pra fazer isso com todo mundo... Erguendo o seu cabelo daquele jeito. Prendendo a respiração na sua orelha. Depois mascando aquelas castanhas, avançando pra outro lugar na sua cabeça e babando pedaços de castanhas brancas pra fora da boca.

MUSH E as laranjas, Har.

HARRY Ele era um porco!

MUSH E aquele canivetinho que ele tinha pra descascar maçãs.

HARRY E te perguntando o que você comeu no jantar... Não que ele se importasse. E perguntas pessoais. (*Solta* MUSH. *Para* MICHAEL) Ele nunca te perguntou, eu suponho?

MICHAEL Sim.

HARRY É... é... sim. Ele perguntou pra classe inteira uma vez, "O que você vai ser quando crescer?". Alguns disseram...

MUSH É. Eu disse, ñaquele dia, um faroleiro. E ele disse...

HARRY Alguns disseram maquinistas e coisas assim. E o Dada estava então meio que vendendo coisas pelo interior. Ternos e casacos e gravatas e coisas assim. Bem, justo quando chegou a minha vez, e eu estava pronto pra dizer o que eu queria ser, ele disse primeiro, "Eu suponho, Carney, que você vai ser um judeu". (*Mascate.*)

DES Em todo caso, o que você ia dizer que queria ser?

HARRY   (*sinceramente*) Padre. (*Então ele olha desafiadoramente para eles*) ... Eu disse isso também, depois de ele ter dito a outra coisa, e ele riu.

MUSH   O maldito filho da puta.

HARRY   É. O porco maldito. E todos os outros porcos malditos. (*Repentinamente, para* MICHAEL) Você ainda iria cumprimentar o McQuaide?

MICHAEL Faz anos que eu não perco o sono por causa dele. *Você* ainda iria cumprimentá-lo?

HARRY   (MICHAEL *encontrou um ponto*) Ah, Jesus, você é muito esperto! Não... não... negativo, eu não iria cumprimentar! Eu brigo!

MICHAEL E pra que serve isso? Ser chamado de Homem de Ferro?

HARRY   Não!

MICHAEL Então por quê?

HARRY   Ah, Por quê... por quê... por quê! Por que meu cu... Por que de qualquer coisa?

MICHAEL Mas você não tem motivo, percebe.

HARRY   Mas, percebe, eu tenho! Eu tenho motivos, sim, percebe! Eu vou brigar com qualquer um que queira, que não queira também! Eu não tenho medo de ninguém! Eles simplesmente não me ignoram! Eles não me perguntam o que eu comi no jantar! Eles não...

DES Eles? Quem?

HARRY Oh, eles... eles... eles... *AQUELES!* Aqueles sacanas! Todos vocês sabem de quem eu estou falando. Vocês conhecem eles. Vocês conhecem eles. Ele conhece eles. (*Para* MICHAEL) Você puxa o saco deles, eu brigo com eles! Em quem eles pensam mais, em mim ou em você?

MICHAEL Se chegarmos a isso...

HARRY Ah, agora eles pensam? Pensam mais em você? Eu posso fazer eles sentirem medo. Você pode fazer o quê? Eles me notam, eles te notam? Eles fingem que não me notam, *mas eles notam*. E estão começando a me notar cada vez mais. E eles sabem claramente qual é a minha posição. E eu sei qual é a minha posição. E eu gosto dela. E estou satisfeito. Pessoalmente, eu estou muito satisfeito. (*Sai para a cozinha.*)

MICHAEL Eu estou subindo até um clube aqui na rua de cima. Você quer vir? Não vou demorar.

DES Eu tenho que chamar o Dada. Nós todos vamos sair.

> MICHAEL *sai. Enquanto ele se retira,* IGGY *e* HUGO *estão entrando pela porta da frente.*

HUGO (*no saguão*) Bem, o Matador! (IGGY *e* HUGO *entram na sala*) E aí! Aonde vai o pregador todo arrumadinho?

MUSH Até o estabelecimento do padre Ruam. É melhor eu me mandar também.

HUGO (*ri. Para* IGGY) Aquele é o lugar de onde eles te colocaram pra fora uma noite, e você primeiro quebrou a mesa de bilhar.

IGGY (*em concordância, "ah"*) Ah, lugar pra se jogar tabuleiro.[13]

HARRY (*fora, na cozinha*) Pra onde você está indo, Mush?

MUSH Vocês estão todos embonecados perto de mim, Har. Vou descer pra pegar uma cueca limpa: nunca se sabe quem você pode encontrar num sábado à noite.

HARRY Te vejo no Treliça mais tarde.

MUSH Certo. Tchau! Saudações! (*Sai.*)

HARRY (*entra comendo um sanduíche. Para* DES) Você não saiu com o Michael? (*E não espera por uma resposta; para* IGGY) Você foi ao cinema?

IGGY Ah.

---

[13] "Snakes and ladders" (Cobras e escadas), no original. Trata-se de um antigo jogo de tabuleiro indiano em que dois ou mais jogadores lançam dados e movimentam peças em quadrados numerados e em grade, dentro dos quais estão retratadas cobras e escadas.

HUGO   Aqueles sacanas cantando, é tudo encenação. Só bocas e atirando rosas pra mulherada. (*Ele está tentando fazer a televisão funcionar*) E eu que pensei que ele ia mandar consertar isto novamente. Que estrebaria medonha é esta em que estamos. (*Vê* HARRY *comendo. Sai para a cozinha.*)

IGGY   Você se lembra daquela pequena, Hopalong Cassidy?[14] Agora a gente não vê mais a belezinha.

HUGO   (*fora, na cozinha*) Ele era valentão.

IGGY   (*Eu*) Gostava dela.

HUGO   (*fora*) Eu nunca vi um filme ruim com ele. Você já reparou que ele nunca dava muita bola pra mulherada? Eu nunca vi ele beijando uma mulher uma única vez.

HARRY   Eu vi. Se bem que só uma vez. Sabe, nesse filme, essa aí estava depois de ter levado um tiro, e ela estava morrendo, lá no campo, e o Hoppy apareceu, cantando ou rindo de alguma coisa, ou se admirando com a vista. Em cima do seu cavalo. E ela estava morrendo. Então ele avistou ela, e ele desmontou. E ela disse, "Hoppy, me beija, eu estou morrendo", ou coisa assim.

HUGO   (*entrando, comendo um sanduíche*) Hah?

---

[14] Hopalong Cassidy é um caubói fictício criado em 1904 por Clarence E. Mulford (1883-1956), que escreveu uma série de 28 contos populares sobre ele até 1941. O personagem ficou mais conhecido pelos 66 faroestes B protagonizados pelo ator William Boyd (1895-1972) e produzidos entre 1935 e 1948.

HARRY "Hoppy, me beija, eu estou morrendo"... Ou coisa assim.

IGGY E ele beijou?

HARRY Beijou.

HUGO Bem, suponho que ele não conseguiu evitar.

IGGY Eu vi esse filme! E Hoppy... Bem, ela quase começou a chorar, e rangendo os dentes, desse jeito. Ah, sim, ela era uma pequena. Eu gostava dela.

HUGO Onde está o Dada?

DES É melhor eu ir chamar ele. Não acho que ele esteja com muito dinheiro.

HUGO Não mandamos nada pra ele por algumas semanas.

Eles começam uma "vaquinha" — HARRY, IGGY e HUGO contribuindo cada um com algumas libras. DES sai para chamar DADA. Ele abre a porta, e DADA se encontra parado do lado de fora, no saguão.

DES Oh, eu estava justamente...

DADA (*ignora* DES. *Entra*) Garotos, nada como um cochilo ao cair da tarde. (*Vê o dinheiro sobre a mesa*) Oh? Alguém possui tanto dinheiro?

HARRY Isto é seu.

ATO DOIS

IGGY   Você deve ter deixado ele aí.

HUGO   Todo mundo entrou na vaquinha.

HARRY *sai para a cozinha.*

DADA   Garotos, é difícil não dizer algumas palavras em ocasiões como esta. Eu sei que não é necessário... Eu tenho certeza disso... Entretanto, me permitam. E, desacostumado como estou a falar em público, sei que vocês compreendem que é sua obrigação, e fazem isso como uma forma de contribuição.

HUGO   A gente pode bancar... Eu, o Iggy e o Harry.

DES   Bem, eu...

DADA   Tudo bem, Desmond. Isso ainda não é esperado de você.

HUGO   O Michael alguma vez compareceu?

DADA   Hubert, não se trata de "comparecer" quando vocês me enviam ou me dão dinheiro... Quando vocês o enviam para sua mãe e para mim. Vocês todos aprenderam o catecismo. Bem, honrar seu pai e sua mãe. E quando vocês me enviam, para o seu pai, dinheiro, estão me honrando. Você me entende?

HUGO   A gente vai pressionar um pouco o Michael. Ele não vai deixar de entrar na vaquinha.

DADA   Eu não quero nada dele. E, em todo caso, se eu quisesse que ele fosse pressionado, a quem eu pediria para fazer isso? Quem? Eu!... Eu mesmo!... O seu velho!... (*Eles riem*) Ele saiu, não é? Você estava falando com ele?

DES   Por um tempo.

DADA   Sobre mim?

DES   Não.

DADA   O que ele estava dizendo?

DES   Nada.

DADA   Esse é um jeito muito inteligente de conversar. Aposto que ele te contou que eu era... Bem, imagine. O que mais ele disse?

DES   Ele apenas disse que vocês não se davam muito bem.

DADA   E a culpa é minha? Fique esperto com ele, ele disse, comigo e seus irmãos. Bem, eu estou te dizendo agora, você fique esperto com ele, garoto. Ele tentou o mesmo jogo com o Ignatius e o Hubert, não é? Sim. Mas eles foram astutos demais para ele. Seu jeito de olhar com o nariz empinado, zombando. Ninguém pode estar certo, somente ele. Mas eu ainda vou cuidar dele. Ele sabe muito, tenho certeza.

DES   Mas eu acho que você está... Bem, um pouco errado sobre ele. Ele é... Bem, ele não é tão mau.

DADA   Eu não estou dizendo que ele é um vagabundo ingrato. Destruidor. Depois de tudo que eu fiz por ele. Eu não estou te dizendo...

MUSH   (*entra*) Onde está o Harry? Onde está o Harry? Eles estão lá no Leão! Eles estão aqui!... Onde está o Harry?

HARRY   (*vem da cozinha, tomando um copo de leite. Ele permanece deliberadamente descontraído*) Hah?

MUSH   Os Mulryan. Eles estão lá no Leão.

HARRY   É?

MUSH   Eu fui apontado. E de repente o grandalhão, o John, veio pra trás de mim e foi dizendo, "Vai tomar uma cerveja, parceiro?".

HARRY   É?

MUSH   Eu tomei. E ele disse, "Você é amigo dos Carney?" É. "Você sabe onde eles moram?" É... Sim. "Bem, corra até lá e diga pra eles, quando quiserem."

IGGY   C-c-c-certo.

HARRY   Sem pressa. Eles estão bebendo?

MUSH   Ele engoliu a cerveja bem fácil junto com os meus elogios.

HARRY   Deixe que eles se divirtam um pouco, Iggy. Quantos eles são?

MUSH   Seis.

HARRY   Seis?

IGGY   Corre um boato de que um deles está preso.

HARRY   Que pena, Des? Não são sete? (*Para* MUSH) É isso?

MUSH   O grandalhão, o John...

IGGY   "R-r-rei."

HARRY   Chamam ele de "O Rei".

MUSH   Narigão achatado.

IGGY   D-d-daqui a pouco eu vou achatar mais pra ele.

MUSH   Ele tem bem mais de quarenta. (HARRY *assente com a cabeça.*)

IGGY   Eu vou... D-d-daqui a pouco eu vou...

MUSH   Mas... Jesus!... Eu não ia gostar dele pressionando minha cabeça. Ele ia dar... Jesus!... uma dentada horrível nas suas orelhas...

HARRY   Vá lá e diga, certo. Mas que eu estou fora neste momento, e nós estamos esperando por mim, e depois vamos pra lá.

IGGY   N-n-não! Eles vão pensar que a gente está com medo.

HARRY   Negativo. Deixe que pensem. Eles vão pensar diferente mais tarde. Diga que às nove estaremos lá, Mush, e vamos beber um copo e, depois, passear até a Estrada da Pedra.

MUSH   Ah, conversa, sacanagem...

HARRY   Vá em frente.

MUSH   O Hugo não poderia ir, ou...

HARRY   Não.

   MUSH *sai.*

HUGO   E sobre o Matador?

HARRY   Negativo. (*Balança a cabeça para* HUGO.)

HUGO   Hah? A gente podia trazer ele, assim, pra quebradeira.

HARRY   Negativo-negativo. (*Pisca para* HUGO, *acenando com a cabeça pelas costas de* DES.)

HUGO   Hah?

HARRY   Ele é um estraga-prazeres! (*Para* IGGY) Temos tempo.

DES   Que tal um plano? A gente não devia se alinhar de algum jeito especial como em um "V", talvez?

HARRY   Nenhum de nós vai escrever livros de memórias depois. A melhor hora pra pensar é quando você vê eles na sua frente. Não se preocupe Des, eu vou endurecer os seus punhos. E, Iggy, eu tenho uma...

IGGY   Eu me a-a-arranjo sem isso.

HARRY   Uma corrente à mão.

IGGY   Eu me a-arranjo sem isso.

HARRY   Cinco contra seis, talvez sete.

IGGY   N-n-ninguém vai me dizer nada. Eu não tenho que usar nenhuma dessas coisas.

HARRY   Ok, é a sua...

IGGY   M-m-minha cabeça.

HARRY   Ok.

IGGY   M-m-minha cabeça.

HARRY   Tudo bem.

IGGY   Certo.

HARRY   Dada?

DADA   Nenhum equipamento para mim, obrigado.

HARRY   Parece que vocês estão vendo tudo isso como um jogo. Ah, vocês podem mudar de ideia quando derem de cara com eles. Mas, pessoalmente, eu vou me trocar. Hah? Para o jantar. Não vou estragar esta jaqueta. (*Sai e sobe as escadas.*)

IGGY   Anda logo!

DADA   Escutem garotos, parece que estamos todos bem organizados. Lembrem-se, se houver tacos, tudo vai terminar em poucos minutos, então comecem imediatamente. Briguem pelo nome, e tenham valentia. E... tenham valentia, e unidos venceremos... Divididos cairemos. Nada de discussões e... Comecem imediatamente. (*Desloca-se em direção à porta*) Aquela fábrica velha... Atrás daquela... A que você me apontou esta manhã, Ignatius.

HUGO   Aonde você está indo?

DADA   Tem uma coisinha que eu tinha planejado para a briga desta noite.

HUGO   Mas é às nove...

DADA   Às nove, sim. Bastante tempo para chegar lá se eu me apressar.

HUGO   Aonde você está indo?

DADA   É um segredo, Hubert. Meu segredo. Uma surpresinha que eu tinha planejado para todos vocês. Atrás da fábrica, às nove, na Estrada da Pedra, eu entendi. (*Sai.*)

IGGY   (*grita*) Harry!

HUGO   (*refletidamente*) Uma surpresa que ele planejou. Eu fico me perguntando o quê?

DES   O Dada vai estar lá.

IGGY   Harry!

HUGO   Oh, ele não ia perder isso.

DES   A espera é o pior, Iggy? Eu queria que tivesse terminado.

HUGO   Você não vai ficar com medo, vai?

IGGY   Não o Des. (*Grita*) Harry! H-h-harry!

HUGO   (*canta*) "Iga-iga-iga, eu tenho dor na minha barriga."

HARRY (*fora, berra*) Estou indo! Jesus!

IGGY   (*para* DES) Eu também sempre tenho calafrios antes que alguma coisa aconteça. Um tremor, não medo, apenas um calafrio até o segundo que começa.

ATO DOIS

> MICHAEL *entra. Ele vai até a porta da cozinha e olha lá dentro. Ele está prestes a sair da sala novamente.*

HUGO   Ela está lá em cima, embalando os bebês pra dormir.

DES   Os Mulryan estão lá no Leão. (*Pausa*) Seis deles. Talvez sete.

MICHAEL ... Bem, eu não achei que você tivesse muito juízo pra ficar aqui e se manter longe deles.

IGGY   (*gritando por* HARRY) V-v-vamos, seu sacana!

HARRY   (*fora, descendo as escadas*) Temos tempo, temos tempo.

MICHAEL Com certeza, você não está indo?

HUGO   A gente estava esperando por você. A gente te ama por se juntar a nós.

> HARRY *entra. Ele vestiu sua segunda melhor roupa.*

HARRY   Ah, como é, Michael! Você recebeu as notícias?

MICHAEL Eu estou surpreso que o Dada não esteja aqui fazendo discursos nesta... ocasião, não é?... tão propícia. Acho que foi ele que vi fugindo de casa quando eu estava vindo.

> HARRY *está procurando em volta por* DADA. *Ele olha para* IGGY. IGGY *dá de ombros. Ele olha para* HUGO.

HUGO   Ele foi pegar uma coisa que ele esqueceu. Ele vai encontrar a gente lá.

MICHAEL   A próxima vez que vocês vão vê-lo...

HARRY   Ele sabe onde?

HUGO   Sabe. O Dada ama isso.

MICHAEL   Aceite uma dica dele e fique perdido mesmo assim.

HARRY   Hah? Não, Michael. Ele saiu pra colocar uns conhaques pra dentro.

IGGY   Nós estamos p-p-prontos?

HARRY   Negativo, deixe o Michael esculachar. Eu amo ser instruído por um sujeito tão astuto.

MICHAEL   É inútil, Harry. As desvantagens são muito grandes dessa vez. Você sabe sobre essas coisas. Sete contra quatro agora. Sete dos Mulryan. Não apenas sete brutamontes comuns logo ali. E olhe pra todas as coisas que eles têm feito em Birmingham nos últimos dez anos... Eu só quero o seu bem... Bom, tenha um pouco de consideração... Vocês não vão levá-lo (DES) com vocês?

HARRY   É?

MICHAEL   Eu só estou te dando um conselho.

HARRY Por experiência própria.

MICHAEL Você está louco. Aquele pai ridículo deixou vocês todos malucos. Os Carney brigões! Se vocês estivessem brigando por um emprego, vá lá!... Uma mulher, vá lá! Vocês não conseguem ver que não vale a pena. A coisa toda é maluca, errada... Bem, e se vocês vencerem? O que vocês ganham com isso? Pra onde isso leva vocês? Qual o bem disso?

HARRY (*sotaque irlandês teatral*) Oh, bem nenhum bum-bum.

HUGO Nenhum bum-bum.

MICHAEL (*para* DES) Você não precisa ir. Eles não podem te obrigar.

HARRY Conte pra ele, Des.

MICHAEL Falando claramente agora. Você pode ser morto. Isso aconteceu antes.

HARRY É?

MICHAEL Você pode estar morto em uma hora. Você sabe o que é estar morto? O Dada foi esperto. Vocês não vão vê-lo novamente até que tudo tenha terminado. ... Vejam, o homem é tão ridículo, burro e estúpido quanto qualquer outro que já existiu, mas não é burro o bastante pra arriscar o próprio pescoço.

HUGO   Por que você não cerca ele?

HARRY   Já terminou, Autoridade?

MICHAEL Conte pra ele o que aconteceu no Treliça uma noite com um dos Mulryan.

HARRY   Oh, nosso moleque ouve coisas. Você deve estar se misturando com arruaceiros pra estar ouvindo coisas desse tipo.

MICHAEL Conte isso pra ele.

HUGO   Não vai abalar o Des.

HARRY   Eu vou contar pra ele. Sabe, Des, uma noite cerca de um ou dois anos atrás, os Mulryan de longa distância baixaram por aqui, e uma coisa engraçada aconteceu no Treliça. Algum sujeito ficou se achando, algum velho idiota, e teve um confronto com "O Rei", e "O Rei" arrancou com os dentes a orelha do palhaço.

HUGO   Metade dela.

HARRY   O Mulryan arrancou a metade da orelha do palhaço, e ele anda com ela o tempo todo em uma caixa de fósforos.

MICHAEL E isso não é lorota. Isso mostra o que eles são.

HARRY   Negativo, isso não é lorota, mas isso não afeta o nosso Dessie. Eu poderia contar pra ele histórias melhores do que essa sobre o que nós fizemos. Ele não é como você, docinho. Eh, Dessie?

MICHAEL Você quer que ele acabe como o outro Mulryan, o oitavo?... Talvez houvesse nove deles, mas e quanto ao oitavo irmão? E quanto a ele? Conte isso pra ele.

BETTY *entra*.

HARRY E quanto a ele? Bem, seu frouxo, e quanto a ele? Conte pra patroa, conte pra Betty doçura, aquela que te agarrou.

IGGY V-v-vam'bora!

HARRY Negativo!

HUGO Negativo!

HARRY Nosso irmão inteligente quer que sejam sete contra três. Nosso irmão inteligente está advertindo ele pra ficar longe de nós, a escória. Bem, matraca, e quanto ao oitavo Mulryan? Conte pra nós.

MICHAEL (*para* BETTY) Vá lá pra cima.

HARRY Fique onde está, sua Polly inglesa, ou qualquer que seja seu nome. Escute o Tarzan. O Michael não quer que sua Polly veja ele fugindo como sempre. Depois de discussões com a gente ele volta pra ela e conversa a noite inteira na cama sobre como ele foi brilhante em nos repreender.

MICHAEL (*para* DES) Um dos Mulryan foi encontrado uma manhã em um canal. Ele era apenas um jovem rapaz, tinha acabado de chegar. Ele estava todo amarrado. Cordas, cintos e pedras sobre ele pra que afundasse. A polícia o encontrou, mas nunca fizeram nada. Ficaram felizes em se livrar dele, assim como ficariam felizes em te encontrar do mesmo jeito. Ele era um Mulryan, você é um Carney. É a mesma coisa.

HARRY Agora, homem de bem, você contou pra ele.

MICHAEL Deixe que ele fale por si mesmo.

HARRY Vamos, Des, diga pra ele que ele é da cor dos covardes.

IGGY Você não está com medo?

HUGO Diga pra ele.

DES ... Não, eu estou indo... Eu não tenho medo de... ninguém. Eu nunca...

HARRY Bom, Des.

MICHAEL Dê uma chance pra ele. Não fale pra ele o que dizer. Des, veja bem...

HARRY Agora, Mikey, você mesmo está querendo mais do que uma chance.

ATO DOIS

DES (*rompante nervoso*) Não. Eu estou indo! Eu não tenho medo de ninguém! Eu vou brigar com meus irmãos! Eu estou ouvindo um monte sobre irmãos e ajuda e o caralho pelas últimas vinte e quatro horas. Eles estão todos contra nós! Vamos acabar com eles! (*Para* MICHAEL) Eu acho que você deveria estar com a gente também!

HUGO Traga, traga, traga ele pra quebradeira!

HARRY Se o Mikey viesse, ele ia chegar em casa antes de nós pra fazer o chá.

IGGY M-m-muita enrolação. Vamos lá, vamos acabar com isso de uma vez. (*Sai pavoneando-se, seguido por* DES *e* HUGO.)

MICHAEL Des!

HARRY (*faz* MICHAEL *recuar*) Fique fora disso, seu frouxo! A gente se vê mais tarde. Talvez pra acertar nossa questão pessoal sobre os muçulmanos. Não se esqueça. E cuide da sua Polly inglesa aí.

Sai. Pausa.

BETTY O que você vai fazer?

MICHAEL O que fazer? Ah, você está me perguntando o que eu vou fazer! O que você acha que eu posso fazer? E do que se trata todo esse número de Polly com você e o Harry?

BETTY   Eu não consigo evitar se seus irmãos são burros.

MICHAEL   Sua própria família não é lá tão boa e respeitável.

BETTY   Bem, eles não são selvagens ou doidos ou... Se meu pai apenas soubesse como tenho sido tratada...

MICHAEL   Seu pai, sua família! Se eles soubessem isso, se eles soubessem aquilo! Eu sei exatamente como é sua família. Como disse o Harry, eu fui agarrado.

> BETTY *começa a chorar*. MICHAEL *se arrepende do que disse. Ele quer se desculpar, colocar o braço em volta dela. Ele não consegue. Pausa.*

BETTY   É inútil tentar se livrar deles. Nós é que teremos que nos mudar.

MICHAEL   Olhe para o que eles estão fazendo com o Des.

BETTY   Está feito... Está feito! Ele é igual a eles.

MICHAEL   Você não o conhece direito.

BETTY   Nem vale a pena. Você ouviu ele, medo de ninguém. Você tentou. Você só se lembra dele quando criança. Se ele fosse mais velho que você, ele seria igual aos outros. (*Pausa*) ... Eu não sei. Parece uma coisa tão fácil sentar em volta de uma mesa e fazer uma refeição.

MICHAEL   Sim, eles vão fazer isso.

ATO DOIS

BETTY *Eles* não vão. Nunca!

MICHAEL É apenas uma fase que eles estão...

BETTY E quanto à noite passada? "Nós vamos colocá-lo na cama, como nos velhos tempos!". Todo mundo passa por essa fase? E você teve que sair de casa.

MICHAEL Não tive. Eu estava evitando problemas.

BETTY Aqui? Evitar problemas neste lugar?

MICHAEL Era a primeira noite deles aqui. O que você queria que acontecesse?

BETTY Você não deve nada pra eles, Michael.

MICHAEL Eu sei.

BETTY Pois então. Você não tem que aguentar eles.

MICHAEL Eu sei! Eu sempre soube! ... Mas agora eles acham que eu tenho, desde que aquela coisa *estúpida* aconteceu umas semanas atrás. (*Ela olha para ele*) Não é nada... É só que, não sai da minha cabeça... Em todo caso, eles não me deixam esquecer isso... Bem, naquela noite que meu casaco foi rasgado e eu disse que tinha caído. Eu estava vindo pra casa, e não muito longe daqui, esses quatro pretos.[15] Eu só estava passando e um deles me

---

[15] "Darkies", no original. Referem-se, neste contexto, aos muçulmanos.

empurrou pra fora do caminho. Disse que era o caminho dele por direito. Eu não disse nada. Apenas continuei seguindo em frente. E então outro deles se postou na minha frente e começou a me agredir. E então eu estava no meio deles e comecei a gritar por socorro. Eu estava no meio deles, e eles me empurravam, cuspindo em mim, um deles dizendo, "Cuspe branco de homens negros". E eu continuei gritando por socorro. E então vi meus três irmãos *bandidos* correndo rua abaixo pra me ajudar. Primeiro o Harry, depois o Iggy e o Hugo. E eu vi o Iggy derrubando um deles. Com um soco. Eles estavam todos brigando. Malucos.

BETTY   O que aconteceu então?

MICHAEL   Eu corri... Não porque estivesse com medo. Eu apenas não acredito em... Oh, Deus!... Eu fiquei parado por um segundo assistindo a tudo aquilo, e então eu corri pra cá... Esta foi a única vez na minha vida que eu percebi que meus irmãos estavam lá por mim. Eu poderia ter ficado perto deles naquela noite. Mas bem... Eu não sei. O que há pra fazer? O Harry ficou no hospital por dois dias depois daquela noite. Eu não posso chegar e dizer, me desculpe, pro Harry... Eu não estava com medo. Também não acho que eu tenha medo de alguma coisa. Foi pânico.

BETTY   (*veladamente*) Não.

MICHAEL   O quê?

ATO DOIS

BETTY   Não.

MICHAEL   Foi...

BETTY   O que você quer fazer?

MICHAEL   O quê?

BETTY   Eu sei que você quer alguma coisa. Eu sei que não posso te dar.

MICHAEL   ... Oh, que tolice. Que... Nós estamos muito velhos pra esse tipo de conversa... Bem, eu quero me livrar de tudo isso. E esse sentimento horrível de que alguma coisa vai me acontecer. Eu quero me livrar desse tipo de vida. Eu quero que o Des... Eu quero que todos nós sejamos... Não quero ser o que eu sou. Eu quero ler. Eu não quero dizer, "Sim, senhor" pra ninguém. Mas não consigo me livrar de tudo isso. Poderia ter tido um bom emprego. Eu poderia ter me estabelecido bem. Poderia ter *fugido* anos atrás. Pra longe deles. Poderia ter sido um professor. Eu tinha capacidade... O que há de errado comigo?...

BETTY   Você pode. Você pode fazer mais pra si mesmo. E eles vão ter mais res... (*Ia dizer respeito*) Você vai ter mais influência sobre eles.

MICHAEL   Eu sei... Eu poderia ter fugido anos atrás, mas quem ficaria com eles? Quem se importava? *Ele* não! Ele está sentado agora em algum bar, tragando um conhaque, falando mais que a boca, escondido até que a coisa toda tenha terminado.

BETTY Mas o que *você* quer fazer?

MICHAEL Ele agora é de grande ajuda para os seus filhos briguentos!

BETTY Mas o que você vai fazer?

MICHAEL Ele é de grande ajuda para o seu exército!

BETTY Mas o que você vai...

MICHAEL Bem, eu não acredito nos Carney briguentos dele. Eu não acredito nesse jogo.

BETTY Não importa no que você acredita neste momento. Você deve alguma coisa pra eles... Você mesmo disse isso. Não comece a colocar o seu pai ou...

MICHAEL O quê?

BETTY Eu só estou tentando te dizer pra parar e pensar por um instante. Não adianta ir de uma coisa pra outra.

MICHAEL Sou eu que vou decidir sobre o que é bom e ruim.

BETTY Ah, eu estou cheia! Você vem choramingando as suas histórias pra mim, e eu escuto...

MICHAEL Ninguém está te pedindo pra...

ATO DOIS

BETTY Eu estou de saco cheio! Primeiro o Iggy, depois o Harry, depois o seu pai, depois o Des!... Des!... Des! E então você quer alguma coisa, e então você deve alguma coisa pra eles. Eu vou falar e me mandam calar a boca. Você não vai colocar eles pra fora, você não vai sair... O que você vai fazer?

MICHAEL O que você quer que eu faça?

BETTY Brigue!

MICHAEL Brigar! Você sabe como eu me sinto sobre...

BETTY Brigue! Brigue! Brigue! Faça alguma coisa! Brigue por qualquer coisa! E então talvez a gente possa...

MICHAEL E isso não vai provar que...

BETTY Não comece tudo de novo...

MICHAEL Mas isso não iria provar pra eles, depois de todos esses anos falando contra isso, que eu...

BETTY Brigue! Eles vão pensar mais em você. Vão te respeitar. Eu vou pensar mais em você. Se é que isso ainda importa. Então nós faremos alguma coisa. Iremos embora. Ou eles irão. Nós teremos uma chance maior se você provar que não é um...

MICHAEL (*veladamente, de maneira simples*) O quê? ... Termine.

BETTY   (*chorando*) Eu não sei o que está acontecendo, amor.

MICHAEL   (*veladamente*) Jesus!... Jesus!... Provar que eu não sou um covarde. (*Apanha uma garrafa de leite*) Com uma garrafa de leite, é isso? Sangue, e brigas, e cabeças-ocas, e pais ridículos e irmãos malucos! Com isto, não é? (*Joga a garrafa fora e apanha uma faca*) Ou isto? Hah? Você quer que eu use isto? Hah? (*Joga a faca fora*) Certo. Está certo, então. Eu também sou um Carney, outro Carney. Certo.

MICHAEL *sai.* BETTY *chora baixinho.*

ATO TRÊS

Poucas horas depois, DADA *está sentado à mesa. Ele está bêbado. Um pequeno "curativo" (Band-aid) na testa. Sobre a mesa, duas garrafas de uísque, xícaras, copos e um pequeno embrulho. Durante as falas seguintes, ele canta trechos de "Eu te escuto me chamando".*[16]
BETTY *está de pé à porta da frente, olhando para fora. Ela se movimenta para dentro e para fora pela porta da frente durante a cena.*

DADA (*cantando*) "Eu te escuto me chamando; você me chamou quando a lua tinha ocultado sua luz; antes que eu me afastasse de você para dentro da noite, você falou...". Linda canção essa. Não são muitos que conseguem cantá-la. Maravilhosa. "Ainda está aqui a musicalidade distante de sua voz"... É inútil entrar e sair desse jeito, madame. Relaxe. Respire fundo. Respiração profunda é o segredo. Veja. (*Inspira e expira, admirando a expansão do seu peito*) Percebeu? Agora eu estou completamente relaxado. O uísque também ajuda. Ele relaxa a garganta, os músculos. Você tem músculos

---

[16] "I Hear You Calling Me" foi uma canção popular lançada em Londres em 1908. Com letra de Harold Harford — pseudônimo do jornalista Harold Lake (? -1933) e música de Charles Marshall (1857-1927), ela se tornou uma campeã de vendas na voz do tenor irlandês John McCormack (1884-1945).

na sua garganta, sabe... É. Todos os grandes cantores tomam umas duas meias doses antes de entrar. Então você atinge as notas agudas. (*Bebe, limpa a garganta, canta*) "Eu te escuto me chamando". ... Maravilhosa... Experimente um gole, madame? Coloque um pouco de vida em você. É alimento, sabe. Não? Cevada e centeio e coisas. (*Levanta o copo*) Como meu irmão, o padre Kevin costumava dizer... O Michael te contou que eu tenho um irmão padre, nas missões estrangeiras?... Não? Bem, eu tenho!... Como ele costumava dizer... (*Levanta o copo novamente*) Humanum est errare, existe verdade no vinho! (*Bebe. Pausa*) ... Você alguma vez se sentiu sozinha?... Eu sempre pensei que eu teria uma casa com boa música... O quê?

BETTY   Você poderia sair e procurar por eles.

DADA   Não se preocupe, madame. Atravesse as suas pontes... quando elas chegarem até você. (*Ri*) ... É... Alguns livros na casa, bons livros?

BETTY   Não.

DADA   O quê?... Nenhum sequer?

BETTY   Não.

DADA   Ele não lê? Ler é educação. Esta não seria minha casa. Lá em casa eu tenho dois quartos cheios de livros. Valiosos. Valem um mil... mais... alguns milhares de libras. Não os venderia. Eu tenho! Não se pode encontrá-los agora, de jeito nenhum. Você já leu *A história da Grécia Antiga*, leu? Eu estou lendo esse agora, justamente antes de eu vir pra cá. Muito interessante como... É. Você já leu *Homens verdadeiros conforme precisamos deles*?...[17] Não... Eu aposto que você nunca leu *Ulysses*?[18]... Hah?... O quê?... Leu? Não. Um rapaz de Dublin e tudo mais que escreveu *Ulysses*. Grande livro. Livro famoso. Tudo é sobre como... como... É. Não se pode encontrá-lo agora, de jeito nenhum. Todos os livros clássicos como esses eu tenho. Nenhuma porcaria de Buck Jones[19] para mim. ... Uma vez ele costumava ler. Não lê agora?

BETTY   Não.

DADA   Não. ... Você acha que ele é inteligente?

BETTY   Não... Sim.

DADA   Acha?

BETTY   Acho.

---

[17] *True Men as We Need Them: A Book of Instruction for Men in the World* foi escrito em 1878 pelo padre Bernard O'Reilly (1823-1907) e reeditado inúmeras vezes desde então. O'Reilly nasceu no condado de Mayo, Irlanda, e emigrou para os Estados Unidos onde se tornou professor de retórica no St. John's College, em Nova York. Nesse livro ele busca definir e promover noções católicas de masculinidade e criar uma imagem cristã do que seja o "homem verdadeiro".

[18] *Ulysses*, romance modernista do irlandês James Joyce (1882-1941), escrito entre 1914 e 1921 e publicado em Paris em 1922, é considerado uma obra-prima da literatura ocidental. A narrativa do livro volumoso se passa em um único dia, 16 de junho de 1904, e acompanha a vida de um grupo de pessoas em Dublin.

[19] Trata-se do nome artístico de Charles Frederick Gebhart (1891-1941), ator americano muito conhecido pelos seus papéis de caubói em inúmeros faroestes B, desde os tempos do cinema mudo.

DADA Bem, eu não acho... Ele não lê, você disse! Assim, ele... Bem, ele não é uma boa conversa. Assim, bem, ele... Bem, tem mais cafeína no chá do que no café. Cafeína, a droga, você sabe. (*Pausa*) ... Você já foi escriturária, não foi?... O Michael disse que você foi... Um emprego bom, limpo... Ele alguma vez te contou que eu fui um guarda, um policial?

BETTY Não.

DADA Não. Ele não contaria. Não... Bem, eu fui!... Um monte de trabalho administrativo associado a isso. Mas eles... Não, em todo caso, eu não gostava daquilo. Parei. Eu pedi demissão!... Ele fala sobre mim?

BETTY Ele nunca fala sobre você, de jeito nenhum.

DADA N-ã-ã-ã-o!... Ele acha que sabe tudo. Mas ele não sabe muito sobre a vida. Muito astuto. Muito... muito... muito astuto. (*Bebe, faz uma pausa, canta*) ..."Você se lembra de mim parado lá? Para um último beijo, sob a luz de estrelas gentis." (*Bebe, pausa. Subitamente*) ... Eu odeio! Eu odeio o mundo! Inteiro!... Mas eu vou acabar com eles! Eu vou acabar com eles! Pela doce, viva e santa Virgem Maria, eu vou arrebentá-los! Eles me aceitaram. Eles beberam comigo. Eu puxei boa conversa. Então, por um capricho deles, um arquitetozinho insignificante pode chegar e me oferecer um emprego de zelador. Para fazer a limpeza atrás dele! Mas eu vou... eu vou... Está me ouvindo? Eu odeio!... (*Fica mais calmo*) Oh, por Deus que eu gostaria de estar fora disso tudo. Eu gostaria de ter alguma coisa, qualquer coisa... Longe, longe, em algum lugar... Não. Não! Eu estou orgulhoso. Eu fiz tudo certo pela minha família. Não fiz?... Siiim! (*Apaixonadamente para si mesmo*) Juro solenemente que eu fiz o meu melhor... Meu melhor, meu melhor, meu melhor. Eu tenho orgulho deles. É..., é... é! Eu odeio! (*Levanta os olhos e vê* BETTY *o observando. Calmamente*) ... Sente-se, madame, por obséquio. Você alguma vez se sentiu sozinha?

BETTY   O Michael algumas vezes fala desse jeito quando ele...

DADA   Ah, o Michael... o Michael... o Michael! Isso é tudo que você consegue dizer? Ele pediu para você não me ouvir? Eu falo bobagens?

BETTY   Não.

DADA   Você acha que ele é formidável, não acha?

BETTY   Sim, eu acho... Eu...

DADA   Oh, não se incomode comigo. Eu sou um ridículo, estúpido. Mas você acha que ele é formidável.

BETTY   Sim. Sim! Eu acho!

DADA   Bem, ele é apenas um bosta! Agora você sabe? Você sabe agora? Isso é o que ele é!

BETTY *vai para a porta da frente. Vozes de homens fora.* DADA *se recompõe e vai para a porta encontrar os seus filhos.* IGGY, DES, HUGO, MUSH e HARRY *entram,* DES *pavoneando-se como* IGGY. *Eles trazem as marcas da briga — nada extremo.* MUSH, *possivelmente, parecendo o pior; pálido e abalado.*

DADA ⎤ Ah-raa!... Ah...
BETTY ⎦ Onde está o Michael?... Onde está o Michael?...

DES   A gente massacrou eles.

DADA Não é preciso perguntar como foi! Aha! Não existem homens melhores!

BETTY O que vocês fizeram com ele?

HUGO A cara do sujeito depois da corrente!

DADA Ah-raa! Eu estou com os drinques servidos. Venham.

BETTY Onde está ele, Des?

DES   Não fique me enchendo. Dada, o Iggy fez um trabalho direito com "O Rei".

DADA O homem, Ignatius! Os drinques, garotos!

HUGO O Mush não devia estar envolvido de jeito nenhum, mas ele entrou de um jeito... (*Eles riem.*)

MUSH (*avança com seu queixo para* HARRY) Aqui, quebre seu pulso com isto, e dê queixa de que passou mal. (*Eles riem.*)

IGGY Eles não estavam esperando pela corrente.

DES E Dada, eu dei uma pancada tal nesse camarada que...

HUGO Quando a briga terminou, o Des deu um golpe terrível na cabeça de um sujeitinho que estava parado, só assistindo.

DES Ele ainda está berrando.

IGGY Negativo, eles não estavam esperando pela corrente.

DES Ah, mas vocês viram o jeito que a multidão recuou pra deixar a gente sair? Eles tinham um tipo de silêncio, medo, respeito.

HUGO Não tinha ninguém dando passagem pra deixar os Mulryan saírem.

IGGY Eles não estavam esperando pela corrente. Não é a mesma coisa vencer desse jeito.

DES Negativo, Iggy, negativo. Nós vencemos. Tivemos nossa vingança por você, Mush, não é?

HUGO   Ah, Jesus, o Mush atravessando pro outro lado, justo antes de a coisa começar, e o Mulryan foi atraído... (*Eles riem.*)

MUSH   Eu estava indo pra... (*A risada o afoga.*)

DADA   Homem de bem, o Mush.

MUSH   Bem, o último camarada que eu acertei, eu acertei com um murro tal pra ele se acostumar a cair na mesma hora, toda noite, por duas semanas. (*Eles riem.*)

HARRY   Beba um copo, Betty. Venha. Junte-se a nós.

BETTY   Onde ele está, Harry? Ele saiu logo depois de você, pra te ajudar.

DES   Eu vi ele, Betty! Lá estava ele no meio da coisa, derrubando tudo em volta dele.

HARRY   (*para* BETTY) É? Saiu? É isso mesmo? (*Para os outros*) Ouviram isso? (*Para* BETTY) Você não estaria inventando coisas agora, assim, pra que a gente seja bom com ele?

HUGO   Você não ia chegar a isso, sua vadia. Vocês se completam, você e o Michael.

HARRY   Mas venha, Betty, junte-se a nós.

HUGO   Ele é um traidor, isso é o que ele é. Não é, Dada?

DADA   Bebam, garotos. Lá com os Mulryan, esse é o lugar que vocês iriam encontrá-lo.

BETTY E onde você esteve esta noite?

DADA   ... Como assim?

BETTY Você ajudou eles?

DADA   Oh, agora isso é sério, madame. Entendo. A minha lealdade está em questão. Onde eu estive? É esta a sua pergunta? Garotos?... Veja bem, meus filhos, os meus não têm a audácia, mas eu devo te responder, uma estrangeira! E uma estrangeira de quem eu não sei nada.

HUGO   Ela não tem o direito... (DADA *o silencia*.)

BETTY Tudo que eu quero saber é onde ele está. Ele realmente saiu atrás de vocês.

DES   Talvez tenha saído.

HARRY O quê?

DES   O Michael?

HARRY Saiu pra brigar com...? O Michael dificilmente vai se misturar com a gente lá fora. Ele é uma figura importante, um bom garoto, um garoto de recados.

DADA   Correto, Henry.

DES   Negativo. Você está enganado.

HARRY O que você está me dizendo?

DES   Você tem que pensar muito bem sobre essas coisas. Veja bem, com o Michael...

HARRY Você vai me explicar?

DADA   Desmond, o Michael nos considera...

HARRY Espere aí um minuto. Ele vai me *explicar*.

DADA   Eu explicarei.

HARRY Hah? *Você* também vai explicar?

DADA   Henry, eu disse...

HARRY Não-não-não-não. Ele vai me dizer como eu não consigo pensar muito bem sobre as coisas.

DADA   É falta de educação interromper.

HARRY (*considera por um momento*) ... Certo. Apenas uma pergunta pra você primeiro. Apenas uma...

DADA   O Desmond está com a noção errada...

ATO TRÊS

HARRY O Desmond está com um monte de coisas, mas uma pergunta pra você primeiro. Como ela disse, onde você esteve?

BETTY *vai para a porta da frente.*

DADA ... Eu...

HARRY Eu *amaria* saber.

DADA Bem, eu vou chegar a isto, Henry. ... Cavalheiros, nós vamos ter uma comemoração dupla esta noite. Não apenas uma vitória, mas pela minha vitória também. ... Sim! (*Toca o Band-aid na testa*) Ahaaa, vocês não foram os únicos guerreiros! Vocês sabem que cavalos selvagens não teriam me mantido longe dos Mulryan hoje à noite.

HUGO Aconteceu alguma coisa?

DADA Aconteceu alguma coisa? Esperem até ouvir isto. Lembram-se quando eu saí daqui hoje à noite?

HARRY Eu estava lá em cima.

DADA Bem, Henry, eu passei em um determinado lugar para pegar isto. (*Levanta o pequeno embrulho da mesa*) A surpresa, Hubert. E então eu disse que tomaria dois drinques... Agora, somente dois, percebem, no... como vocês chamam aquele bar? O... O... Oh, não importa. Eu consegui lá também esta pequena porção do material. (*O uísque*) Eu saí e estava me dirigindo para a Estrada da Pedra e fiquei um pouco perdido por um tempo. Mas não se incomodem muito com isso. Em todo caso, eu me vi nesse beco escuro e, de repente, tem um camarada parado na minha frente, vindo do nada. Vindo do nada, ele fica do meu lado. "Tem fogo, parceiro?", ele diz, meio que me medindo. Suponho que eu pareça o tipo abastado. "Lamento", eu disse. Eu não tinha, sabe. "Tem um cigarro?", ele disse então, ainda na minha frente. "Saia do caminho", eu disse, empurrando ele para fora do meu caminho. Então eu vi este outro camarada se precipitando em minha direção, e ouvi um barulho atrás, e não é que tinha um terceiro sujeito se inclinando sobre mim também.

DES   Como aquele Mulryan esta noite quando...

IGGY Eram três deles, é?

HUGO Impressionantes, é?

DADA Não tem importância o que eles eram ou o que queriam, mas eles estavam lá por mim, e eu sabia disso.

HUGO É?

IGGY Talvez alguém com quem a gente teve uma rixa e eles te conheciam.

DADA Eu pensei nisso Ignatius. Mas, em todo caso... Henry... eu voltei as minhas costas para a parede e a coisa começou. Ah-raaa, existe força neste velho ainda! O primeiro camarada pareceu ficar maluco quando viu que eu não ia ficar sentado. Ele partiu para cima de mim... Oh, um verdadeiro lunático! "Eu vou te dar um soco", ele gritou.

HUGO O que você fez?

DADA Eu dei um soco nele! (*Eles riem.*)

IGGY Ela caiu?

DADA Como um saco. E nem se levantou.

DES Onde foi tudo isso?

DADA Os outros dois me atacaram. Eu levei uma direita aqui no queixo. Ainda dói. Achei que eu estivesse acabado. Não está inchado, está?

HUGO Negativo-negativo... Continue, Dada.

DADA E uma direita na testa. Eu achei que o curativo ajudaria. Ah, não que fosse realmente necessário. Apenas uma contusão.

IGGY Os outros dois. O que...?

DADA   Veja, um deles me deu este chute, e eu em parte me esquivei dele. Mas eu disse então, tudo bem, se é desse jeito que você quer. E bati e chutei e chutei e bati. Suponho que o mesmo estava acontecendo comigo, mas eu nunca senti isso.

IGGY   Ah.

DADA   Mas eu lancei o segundo camarada para o outro lado da rua, ele bateu na parede e caiu.

IGGY   Você se livrou dos três?

DADA   Não. Não. Eu mesmo estava quase indo embora. Depois do segundo camarada, eu recebi este chute, bem aqui, (*Apalpa a virilha*) e para minha sorte, o terceiro cara não estava muito ansioso, porque eu estava curvado. Qualquer um estaria. E a dor, e sem fôlego, sabe. E eu comecei a escapar o mais depressa que pude, e quando cheguei na rua principal tive que me atirar sobre um banco lá. Senhor, eu estava mal, mas não me importei com quem estava olhando. Doente como um cachorro, completamente curvado, não valendo um tostão. E eu não conseguia me mexer, é o que eu digo. Não durante horas... Eu não sou mais o jovem que eu era, garotos.

HUGO   Que noite esta aqui!

DADA   Mas eu sabia que vocês não me desapontariam. Os Carney para isso!

ATO TRÊS

HUGO   Três deles! Deus! Eu ia amar ter te visto em ação. E aquela putinha lá fora estava em cima de você. E a gente deveria ter estado com você. (*Grita*) Ei! Ei, você! Perguntando onde ele estava. Venha até aqui se você quer saber!

DADA   (*desempacotando o embrulho*) Deixe-a; ela não vale tudo isso.

HUGO   (*grita*) O Dada sempre tem uma boa explicação!

DADA   Eu tinha planejado na minha cabeça pegar isto. Uma surpresinha. (*O embrulho contém uma pequena taça prateada*) O que vocês acham disto? Isto é o que eu tinha planejado pegar.

HUGO   Senhor, ela é verdadeira.

DADA   Um gesto.

DES   Mostre ela aqui.

MUSH   Sensacional.

DADA   Gesto.

HUGO   Isso é valioso.

IGGY   Ah.

DADA Não se incomodem com o custo. Só o melhor é bom o bastante. Isso é prata. Dê aqui para mim. Vamos fazer isso direito. Henry. Eu vou presenteá-la da forma apropriada. Apropriadamente. Eu presenteio a vocês, Carney, com esta taça... troféu... troféu magnífico... por sua coragem e bravura diante do inimigo. Extraordinários. Vocês brigaram bravamente e bem, e com uma coragem invencível... coragem invencível, e vocês... vocês brigaram bravamente e bem. Vocês mantiveram a bandeira tremulando alto e vocês... vocês brigaram bravamente e bem. Aqui, pegue Henry. Eu te presenteio com isto. (DADA *e* HARRY *estão olhando um para o outro*) ... O capitão... O general... Um gesto de um velho.

Depois de outro momento, HARRY *aceita a taça silenciosamente.*

DADA Parabéns! Homem de bem, o Henry! Rapazes formidáveis! Ah, vocês são rapazes formidáveis! Eu estou orgulhoso de vocês! Campeões da Inglaterra! Irlandeses formidáveis! O nome Carney será conhecido por toda parte! Homens destemidos!

MUSH Do condado de Mayo.

IGGY Ah.

HUGO Apresente aquela pra gente, Dada.

DADA (*relutância falsa*) Ah, não.

ATO TRÊS

MUSH   Vamos lá sr. Carney, uma canção.

DADA   Ah, não.

HUGO   Vamos fazer uma festa direito disso aqui. Você apresenta uma canção pra gente, Mush.

HARRY Uma de suas próprias invenções, Mush.

HUGO   Aquela sobre o Harry.

MUSH   Eu tenho uma nova que escrevi.

DES   Sobre quem?

MUSH   O Iggy. Posso apresentar?

HUGO   Vamos lá.

HARRY Silêncio agora. Uma voz e só uma voz.

MUSH   (*exibe um pedaço de papel e declama*)

   Iggy, o Homem de Ferro.
   Eu conheci um homem formidável, grande e nobre,
   O nome dele era Iggy Carney;
   Ele era grande e forte, podia cantar uma canção,
   Podia...

HUGO   O Iggy não sabe cantar.

IGGY   Shhhhhhh!

HARRY   Continue Mush.

MUSH   Ele era grande e forte, podia cantar uma canção,
Podia levantar a pedra de Blarney;[20]
Suas mãos eram grandes e firmes e ágeis
Elas realmente eram muito imponentes;
E aqueles que ficassem contra este sujeito
Eram logo tirados da frente.

Quando Iggy atravessou as espumas do Atlântico
Pra Inglaterra de orvalho enevoado
Seu nome já tinha antes dele cruzado a nado
E os valentões todos recuado;
Eles tentaram tirar a coroa dele
Mas no final eles saíram correndo,
O óleo do cabelo escaldando suas cabeças retalhadas,
Pra longe do Homem de Ferro.

Oh, Homem de Ferro, Homem de Ferro, nós orgulhosamente entoamos seu nome;
Se Brian Boru[21] nos desapontou, você manteve a fama de Erin;[22]
Você espancou e denegriu homens aos montes pelo bem da liberdade,

---

[20] "Stone of Blarney", no original. Refere-se a uma pedra situada no topo do castelo de Blarney, a cerca de oito quilômetros de Cork, na Irlanda. Diz a lenda que todo aquele que beijar a pedra será dotado de grande eloquência ou capacidade bajuladora. Por conta disso o termo "blarney" se transformou em sinônimo de conversa persuasiva ou bajulatória.

[21] Último grande rei da Irlanda de 1002 a 1014, foi provavelmente um dos maiores líderes militares que o país já conheceu.

[22] "Éirinn" é o termo gaélico para designar a Irlanda.

ATO TRÊS

    Desde os estimados velhos desfiladeiros no doce condado de Mayo
    Até as costas ao redor de Coventry.

MUSH *é aplaudido. Eles festejam e riem.*

HUGO   Homem de bem, o Mush!

HARRY   Dê mais uma cerveja pra ele.

Em meio ao aplauso, DADA está de pé em um canto de costas para eles. Ele começa a cantar. O barulho diminui e eles escutam com reverência considerável.

DADA   (*canta "Os garotos do condado de Mayo"*)[23]
    Longe da terra do trevo e da urze
    Em busca de sustento, como exilados vagamos,
    E sempre que acontece de nos encontrarmos
    Pensamos na terra onde, uma vez, tivemos um lar.
    Mas aqueles lares estão destruídos e nossas terras confiscadas,
    A mão do tirano trouxe os saques e o pesar;
    Os lumes agora estão apagados e as lareiras desoladas
    Em nossos lares uma vez felizes no condado de Mayo.

    (*Coro*)

    Então, garotos, permaneçam unidos em qualquer ocasião,

---

[23] "The Boys from the County Mayo." Parte de uma canção folclórica muito popular na Irlanda, gravada por diversos intérpretes.

Não mostrem a pena branca[24] aonde quer que vocês vão;
Sejam cada qual como um irmão e amem uns aos outros,
Como os homens destemidos do condado de Mayo.

(DADA *é aplaudido*.)

Se pelo menos eu tivesse acompanhamento, um piano.

HARRY   Quietos agora de novo pro Mush.

HUGO   Uma canção agora, Mush.

MUSH   Ah, não fiquem me pedindo isso depois de um cantor como o seu pai.

DADA   Em todo caso, tente alguma coisa, não precisa ser tão bom.

IGGY   Negativo, apresente pra gente "Harry da Terra dos Santos e dos Sábios."

DES   Não tem nenhuma sobre mim?

MUSH   Não, eu vou cantar...

DES   Parece que você tem todas essas sobre os outros.

---

[24] Uma pena branca tem sido um símbolo tradicional de covardia, usado, sobretudo dentro do Exército britânico e nos países do Império Britânico, desde o século XVIII, especialmente por grupos patrióticos.

HARRY   Ah, não ligue pra ele. Apresente "Harry da Terra dos..."

DADA   Cavalheiros! Eu proponho que façamos um brinde. Vamos brindar a nós mesmos, os Carney, por essa vitória inesquecível e memorável em cima dos Mulryan neste dia... noite... histórica do último vinte e quatro de mil novecentos e...

MUSH   Do corrente.

HUGO   Hah?

MUSH   Você deveria ter dito do corrente e não do último.

DADA   O sr. O'Reilly está tentando me dizer, garotos, que eu deveria ter dito do corrente e não do último. As pessoas em vez de dizer o nome do mês, para abreviar, elas dizem...

MUSH   Do corrente.

DADA   Do último.

HUGO   Do último! Do último!

MUSH   Não, ele deveria ter dito...

DES   Feche o bico!

HUGO   Do último!

MUSH   Hah? (*Nervosamente*) Rah-raa!

DES   Você pode ser capaz de enganar os outros um pouco, mas não eu. (*Olha em torno para ver se o resto da família o está observando*) Em todo caso, o que você pretende, interrompendo?

MUSH   Eu estava apenas tentando...

DES   (*bate em* MUSH) Bem, não fique "apenasando", está ouvindo?

HARRY   (*aconselhando* MUSH) Baboseiras, Mush. Lição número dois.

DADA, IGGY *e* HUGO *estão rindo.* DES *também ri e começa a perseguir* MUSH. MUSH *dispara para a porta e foge;* DES *errando um pontapé nele quando ele sai.*

MUSH   (*fora*) Ciganos! Carney! Ciganos! Ciganos!

DES *apanha uma garrafa de uísque e se precipita atrás de* MUSH. *Ouve-se ele quebrando a garrafa.*

IGGY   (*para* HARRY, *que permanece imóvel*) Deixa pra lá, seu sacana. (*Grita para* DES) Volte aqui! Des! (*Para os outros*) Mush pode trazer a polícia bem rapidinho. Ela é o terror das sombras quando está em apuros.

DADA   (*ri*) Eu tinha certeza que ele seria outro Michael. Ele e o Michael quando eram pequenos, sabe...

HARRY   E quando ficaram grandes também.

DES *entra, a garrafa quebrada na mão.*

IGGY   Você pegou ela?

DES   Negativo.

DADA   Homem de bem, o Desmond! Ele está praticamente embriagado. Ele aprende rápido, não aprende?

DES   Aprendendo! (*Tocando a cabeça*) Aqui em cima é o que você quer.

HARRY   Ainda tinha um pouco de...

DES   (*apontando para os pés*) Aqui embaixo é pra dançar.

HARRY   (*tocando a cabeça*) Aqui em cima no seu cu. Ainda tinha um pouco de uísque naquela garrafa.

DES   Ro-ro, aprendendo! Alguém interessado em me testar? Alguém? Alguém a fim? A qualquer hora?

HUGO   (*ri*) Em qualquer lugar.

DES   Do que você está rindo? Você acha que eu não acabaria com você?

HUGO   (*ri*) Caralho, claro que sim!

DES   Seu babaca estúpido!

HUGO (*levanta-se em um salto.* IGGY *coloca-se entre eles*) Você está começando a bancar o superior agora? Eu vou estourar esse seu cabeção. Vou fazer ele se arrepender de algum dia ter vindo.

IGGY (*tirando a garrafa de* DES) Sentem, vocês dois. Eu pensei que a gente estivesse comemorando.

DES Eu fiz mais do que ele na briga, não fiz?

IGGY Sente, Des.

DES Vocês não viram o estado em que eu deixei o cara?

IGGY A gente viu.

HUGO Deixe que ele venha, e vão ver o estado em que ele vai ficar.

HARRY (*veladamente*) Deixe que façam isso.

HUGO Ninguém vai me chamar de... nomes.

IGGY (*para* HUGO) Sente. Ela está bêbada.

HUGO *senta-se.* DES *fica petulante outra vez.*

DES Talvez você também tope, hah?

IGGY Negativo. (*Pisca para* HUGO) Você ia acabar com qualquer um de nós.

ATO TRÊS

DES Bem, como eu disse agora, qualquer um de vocês que queira. (*Prestes a se sentar, muda de ideia. Em seguida no rosto de* IGGY) Muito bem, Homem de F-f-f-ferro?

Pausa de uma fração de segundo; então IGGY *arremessa* DES *de volta contra a parede e avança contra ele com uma velocidade impressionante.* DES *se encolhe.*

IGGY Agora chega. Você cala a boca quando eu mandar, ou não vai ter mais boca. Entendeu? (*Pausa breve. Então* HARRY *ri de* DES) Um sarau! "E-e-então, garotos, permaneçam unidos em qualquer ocasião, não mostrem a pena branca aonde quer que vocês vão. Sejam cada qual..." (*Etc.*)

Os outros participam; DADA *fornecendo um estranho contraponto de "Com frequência na noite serena",[25] com sua voz de tenor irlandês. Em meio a isso,* MICHAEL *chegou pela porta da frente. Ele está bêbado.* BETTY *está tentando persuadi-lo a não se juntar ao grupo. Ele entra na sala, seguido por* BETTY. *Ele permanece lá por alguns instantes antes que eles o percebam.*

HUGO Vejam!

HARRY Nós vencemos, Michael, você vai amar ouvir isso!

---

[25] "Oft in the Stilly Night" é uma canção do primeiro volume *National Airs* (Toadas nacionais), de 1818, com letra do poeta, cantor e compositor irlandês Thomas Moore (1779-1852) e arranjo musical do também irlandês Sir John Stevenson (1761-1833), a partir de uma cantiga escocesa.

IGGY   Eu fico me perguntando se ela bebeu muito?

HARRY   Dez canecos enquanto o Ângelus estava tocando. Apresente pra gente um trinado antigo, Michael.

DADA   (*canta*) "Com frequência, na noite serena, antes que as correntes do sono tenham..."

IGGY   Dê um drinque pra ela.

HARRY   Cante pro Des. Você gosta dele.

HUGO   Cante pra Betty.

HARRY   Pobre Polly decepcionada... (*Para* BETTY) Fique fora disso, sua Polly inglesa! Nós vencemos, Michael, você vai amar ouvir isso. Mas a gente só quer que você saiba que acabamos de virar uma nova página. E chegamos à conclusão de que o Des está voltando pro país da Mary Horan. E o Hugo está indo pra universidade, e eu que vou bancar as despesas dele. E o Iggy vai se juntar à Legião Estrangeira de Maria. E o Dada vai sair por aí, com seu velho soco duplo, matando comunistas. E eu vou virar freira.

BETTY   Vamos lá pra cima, Michael.

HARRY   Não-não-não-não-não, espere até ouvir isso...

BETTY   Não queremos ouvir nada!

ATO TRÊS

DADA   Não seja antissocial, madame.

BETTY   Já ouvimos o bastante.

HUGO   (*ri entre dentes*) Lá pra cima.

DADA   (*canta*) "Memória triste traz a luz de outros dias para perto de mim..."

BETTY   Venha, amor. (MICHAEL *empurra a mão dela*.)

HARRY   Entende o que eu quero dizer? Era isso o que eu ia dizer. Em seu coração, ele é um assassino. Pergunte a qualquer um dos rapazes. Mesmo quando a gente era pequeno...

HUGO   O Carney Campeão do Mundo...
HARRY   Você sabe o que ele ia estar fazendo, Polly? Ia estar por aí estrangulando cretinos de manhã antes do café. Só pra praticar. É. Isso mesmo. E ele ia estar...

BETTY   Parem com isso! Parem com isso! Não queremos ouvir mais nada!

HARRY   Mas a gente só quer mais alguns conselhos.

BETTY   Você não é engraçado!

HARRY   Ela não entende, Michael! Veja, temos uma festa em família. Nossa vitória. O que você me diz? Veja: família feliz, irmãos permanecendo unidos em qualquer ocasião.

DADA Não mostrem a pena branca...

HARRY O Michael nunca mostrou.

DADA Não.

HUGO Não.

DADA Ignatius?

IGGY Ah.

DADA Desmond?

DES Bem, talvez a gente devesse...

HARRY É?

DES Assim... Bem, fazer as pazes agora. Assim, seria...

HARRY É?... Assim?... Mas, pessoalmente, eu não gostaria de me meter com o estrangulador de cretinos.

MICHAEL (*embriagadamente, sorrindo, para si mesmo*) Esta é a festa da vitória de vocês?

HARRY Shh-shh-sh-shh, aí vem o conselho. É? (MICHAEL *balança a cabeça, murmurando para si mesmo*) ... Hah?

BETTY   Venha, Michael.

MICHAEL (*sorrindo*) De quem vocês estão tirando sarro? A festa da vitória de vocês.

HARRY   Hah?

BETTY   Deixe disso, Michael.

HARRY   Hah?

BETTY   Venha, Michael.

HARRY   Não, eu não acho que ele esteja nos dando os parabéns...

BETTY   Parem com isso!

MICHAEL Esta é a festa da vitória de vocês em cima *deles*?

HARRY   Não, eu não acho que ele esteja dizendo que fizemos um bom trabalho. Eu não acho que ele esteja...

BETTY   Parem com isso!

MICHAEL Em cima *deles*?

DADA   Percebem como ele zomba? Não se tira isso dele.

HARRY   (*para* MICHAEL) Hah?

BETTY   Parem com isso! Parem com isso! Parem com isso! Vocês todos têm que ir embora daqui agora! Vocês têm!

Agora! Não nos interessa pra onde vocês vão! Vocês têm que nos deixar! Todos vocês.

MICHAEL   Fique fora disso.

DADA   Quem está falando? A mulher? A estrangeira?

HARRY   Não, o Michael vai me expulsar.

BETTY   Estamos de saco cheio!

HUGO   Ah, Betty, meu amor... (*Empurra-a para cima de* MICHAEL) O Michael vai me expulsar.

BETTY   Porcos! Porcos! Vocês não passam de porcos! Animais! Isso é tudo que vocês são. (*Pega o braço de* MICHAEL. *Ele livra-se dela.*)

HARRY   Sim?

MICHAEL   (*para* BETTY) Não, você não faz parte desta grande festa da vitória em cima *deles*.

DADA   O que ele está dizendo?

BETTY   (*para* DADA) Você devia ter mais juízo, do que permitir que eles continuem desse jeito.

DADA   Ra-raa, garotos!

MICHAEL   (*para* BETTY) Vá lá pra cima.

HARRY Sim?

HUGO (*rindo entre dentes*) Lá pra cima.

MICHAEL E fique puta da vida a noite inteira por causa *deles*. Se puder fazer isso, você vai ser autorizada a participar da próxima festa da vitória que a gente tiver em cima *deles*.

BETTY Venha, amor, por favor. (*Ela está puxando o braço dele.*)

DADA Escutem ele, garotos.

HUGO (*rindo entre dentes*) Amor. Amor.

BETTY E se vocês não forem... Se não tiverem partido pela manhã... Nós vamos... Nós vamos tirar vocês daqui. Nós vamos...

MICHAEL Eu disse fique fora disso.

HARRY Sim-sim-sim?

BETTY Nós vamos chamar a polícia.

MICHAEL Eu disse fique fora disso.

HARRY Sim-sim-sim?

BETTY Por favor, Michael, por favor, amor, venha, por favor...

HARRY Sim-sim-sim? (MICHAEL *livra o braço e bate nela. Triunfantemente*) Sim!

MICHAEL e BETTY *permanecem olhando um para o outro. Os outros estão rindo.* BETTY *sai escada acima.*

DADA Ra-raa, garotos!

MICHAEL Seu hipócrita safado.

DADA Primeiro ele praticamente expulsa todos nós; em seguida ele bate na pobrezinha da patroa.

MICHAEL (*veladamente*) Os anos que eu vi como você tratava a mãe. (*Eles continuam rindo, reabastecendo os copos etc.* MICHAEL *os observando. Veladamente*) O linguajar baixo, desbocado e estúpido que vocês têm.

IGGY Ah, quem está... Com quem você pensa que está falando?

MICHAEL Todo esse linguajar baixo, desbocado, estúpido e ignorante que vocês têm.

IGGY Você não chegou muito longe com seus modos inteligentes e tudo!

HARRY (*dando-se conta*) Hah? Isso mesmo!

DADA (*dando-se conta*) Isso mesmo! Grandes rapazes!

HARRY Toda essa conversa fiada dele e ele não é gerente de banco em lugar nenhum.

DADA Ele não se deu tão bem no final das contas, não é? Não!

MICHAEL Se eu tivesse...

HARRY Ah, o garoto Mikey, se-se-se! Se você tivesse uma chance, é isso?

IGGY Dê pra ela mais uma chance de bater na Betty outra vez.

HARRY Se a sua cabeça não fosse tão grande, é isso?

MICHAEL Se eu pudesse ter me livrado de vocês!

HARRY Se você não fosse tão bonito, assim... Todos aqueles outros gerentes tiveram oportunidades, menos você.

DADA Se o Hugo tivesse uma chance, ele seria um cientista, para fabricar...

HUGO Bombas, Dada, bombas!

HARRY Agora, eu considero isso muito interessante sobre você. E o pobre Des também não teve nenhuma chance. Somente por nosso intermédio ele teria. Duro isso.

MICHAEL (*vai até* HARRY) Se eu tivesse me livrado de coisas como você!

DADA Não se tira isso dele, Henry...

HARRY Pare. (*Para* MICHAEL) O quê?

MICHAEL Mais alguma coisa pra dizer esta noite?... Mais alguma coisa pra fazer?

HARRY   Hah?

MICHAEL   Pra te fazer feliz. Pra tirar tudo isso do seu peito.

HARRY   ... Ah... Sim. Sim. Eu concordo com você em tudo. Você é muito inteligente e eu não sou, você está sempre certo e eu gosto disso. Mesmo sobre o Mush e tudo o mais. E eu concordo que você nunca iria ver um camarada encalhado, assim, como estoque velho. E a noite que você estava passando com uma garota respeitável, uma vez, e eu estava parado na frente do cinema, e eu acho que você não deve ter me visto de cara, porque os seus olhos só piscaram e você passou direto e não me cumprimentou. Mas então... Eu não entendi aquilo. Mas eu sinto que alguns rapazes parados perto do cinema entenderam, porque eles sorriram. Então você disse pra ela "Com licença", e retornou até mim, meio como um desconhecido sisudo, não disse uma palavra, me passou meio xelim[26] pra que eu pudesse entrar e desaparecer de vista. Lembra disso?

MICHAEL   Mais alguma coisa?

HARRY   Hah?... Sim. Eu fiquei grato por aquele favor. E você nunca iria fugir, digamos, se seus velhos parceiros estivessem, assim, brigando por sua causa. Hah? Não é isso? É isso. Sim. Camaradas. (*Afasta-se de* MICHAEL.

---

[26] "Tanner", no original. Termo usado para se referir a uma moeda de meio shilling, ou seis pence, em circulação no Reino Unido até 1971.

Então dá meia-volta, os punhos cerrados para bater em MICHAEL. MICHAEL *esperava por isso e permanece de pé com as mãos junto ao corpo.* HARRY *hesita momentaneamente, então dá um soco no estômago de* MICHAEL. MICHAEL *despenca no chão*) Não é isso!... Não é isso!... Não é isso!

MICHAEL Deus, você é tão... tão... tão...

HARRY Burro! (*Chutando* MICHAEL.)

MICHAEL Burro!

DADA Conseguem ouvi-lo, rapazes?

HARRY Sim, nós somos tão burros, estúpidos, perversos, burros! Oh, Michael, você é um garoto tão brilhante.

DADA Raha-raa! O garoto brilhante! Olhem para ele agora!

HARRY (*volta-se contra* DADA) Mas isso é o que você pensa, não é? Todos nós outros, na família, éramos burros, mas ele era o garoto brilhante.

DADA Eu nunca... Não, nunca disse isso, Henry.

HARRY Mas você pensou.

DADA Eu? Ele? Eu pensei que ele fosse inteligente?

HARRY   Sim, sim, é, você! Você nunca disse isso, mas isso estava lá.

DADA   Mas... mas... mas, ele é o fiasco da casa.

HARRY   (*uma súplica*) Mas seja sincero, seja sincero!

DES   O Michael teve uma educação melhor, Harry, do que...

HARRY   Se eu digo uma coisa, eu sou sincero, eu brigo por ela. Nada dessa velha conversa de merda, ou não saber qual é a minha posição, nem...

DADA   Sim, ele não é gerente de banco, Henry. Ele não é...

HARRY   (*para* DADA) Ou "surpresinhas" de outros. (*A taça de prata.*)

DES   O Michael esteve dois anos no ensino médio em...

HARRY   Fique quieto, você, eu também não tenho muito interesse em você. Pessoalmente, não me incomodo com um homem, não importa o que ele diga, se ele é sincero, e você consegue ver isso, e se ele vai defender isso, e se ele é... leal.

DES   Eu estava apenas lembrando...

HARRY   O que esse dinheiro está fazendo no seu bolso de cima? (DES *leva a mão até o seu bolso superior.*)

HUGO   Ele fez de conta que não tinha nada esta noite quando a gente estava comprando.

HARRY   Tudo bem... tudo bem.

DES   Eu não queria que vocês pensassem que eu...

DADA   Dinheiro, Henry? Onde ele conseguiu?

HARRY   Eu sei onde ele conseguiu. Isso não importa. Leal. Eu poderia sentir admiração por ele dizer que não tem dinheiro. É a outra... as... as outras coisas... as... as...

DADA   Implicações, Henry.

HARRY   Coisas! Ele não acha que a gente pode pensar direito. As coisas que estão por trás dele... As coisas... Qual é a posição dele? Jogando dos dois lados, assim... O tipo de... de... de...

DADA   Implicações.

HARRY   *Coisas! (Ele chuta uma cadeira.)*

DADA   Eu compreendo...

HARRY   Não.

DADA   Eu...

HARRY   Não.

DADA   As ações têm raízes, eu posso explicar.

HARRY   Não! Não pra mim. Nenhuma explicação pra mim. As coisas estão bastante claras pra mim. Tem uma porção de sujeitos bonzinhos e inteligentes há muito tempo explicando coisas pra caras burros. Uma porção. Tão preocupados. Todos eles sujeitos espertos, velhacos, tão preocupados com tudo. (*Aponta para* MICHAEL) Ele é tão grande e brilhante, ele fala sobre famílias e lar e tudo, e ele tem vergonha de nós. Vi ele se desculpando com a Betty quando convidou a gente pra vir pra cá. Piadinhas pra tudo, pra que ela pudesse nos aceitar. E o tempo todo, ele não me conhece lá fora. O pregador. A família. O lar. (HARRY *está contendo as lágrimas*) Mas eu sou burro. E caras burros não sentem, eles não podem ser ofendidos.

MICHAEL *levanta-se do chão.*

DADA   Sim, sim, sim, este é ele com certeza! Este é...

HARRY   Não! *Você* não. Sou eu que estou falando agora. (*Para* MICHAEL) Você se preocupa comigo, não é? E depois pede desculpas por mim para os graciosos de colarinho branco, não é? E para os graciosos de colarinho branco você diz, "Sim, senhor, eu sou um porco, senhor, se você está dizendo, senhor!". E fica satisfeito porque eles ficam surpresos, sorriem pra você, para os seus modos, uma palmadinha na cabeça do cachorrinho. E então você é melhor do que eu?

DADA   Sim, Henry, nenhum orgulho. Ele vai se curvar e esfregar, e...

HARRY   Sou eu que estou falando. (*Para* MICHAEL) Sim! Você está certo nisso também! Uma vez eu cumprimentei o McQuaide. Mas mesmo assim eu não vou perder a cabeça, tirar o meu chapéu pra cumprimentar esses sacanas. Eles chutam, você cumprimenta, e depois eles rezam por você. Rezam pelos pobres porcos safados aqui, agora e na hora de nossa morte.

DADA   Amém.

HUGO   Amém.

HARRY   ... Amém.

DADA   Ignatius?

IGGY   (*veladamente*) Eu sei do que ele está falando.

Pausa.

DES   Oh, eu não sei. (*Querendo afirmar-se.*)

HARRY   É?

Pausa.

MICHAEL (*para* HARRY) Mais alguma coisa?

DADA   Vejam! Ele ainda é melhor do que nós.

MICHAEL (*para* DADA) Eu achei que você tivesse feito todos os discursos?

DADA Minha autoridade... Minha autoridade é... Eu endosso tudo o que o Henry disse. (*Perversamente*) Eu ainda vou te colocar na linha.

MICHAEL (*para* HARRY) Está feliz agora?

DES Oh, eu não sei. Eu não sou um otário por aqui. Toda essa conversa sobre inferioridade...

HARRY Ah, o complexo inferior. Eu sei sobre esse aí também. Ele é muito útil sempre quando qualquer um de nós, os caras burros, diz qualquer coisa sobre os grã-finos importantes... Focinhos de merda.

DES Não é complexo inferior; é um complexo de inferioridade.

HARRY Hah?

DADA Complexo de inferioridade, Henry, isso mesmo.

HARRY (*olha de relance para* DADA; *depois para* DES) Você é outro sujeito quase terrivelmente genial. Você também me dá explicações. Ah, mas você é mais espaçoso que o Tarzan aqui. Você faz essa expressão de claro, eu sou apenas um jovem panaca, mas não há nada de mal comigo. Você gosta dos meus substantivos e singulares?

DES Eu... eles... eu... Hah? (*Começa a cambalear, embriagado.*)

HARRY Não-não-não-não-não-não-não-não-não agora! Não finja que está bêbado. Este é um número especial para alguns. Bebedeira, assim... Ninguém está completamente bêbado até que esteja apagado, inconsciente. Engraçado, um cara burro que nem eu saber dessas coisas. Você gosta do jeito que eu falo?

DES Por quê?

HARRY Nah, agora. Eu estou te perguntando.

DES Tanto faz pra mim como você fala.

HARRY Hah? Eu também gosto do jeito que eu falo. (*Ri*) Você não está tão bêbado agora, está? Eu também gosto do jeito que o nosso Michael fala. Ele também não está bêbado agora. Acho que ele deveria ter sido seu pai, acho que ele deveria ficar com você então, porque ele quer tanto cuidar de você, e você gosta dele. (*Empurra* DES *para* MICHAEL.)

DES (*tentando levar na brincadeira*) Ah, devagar Harry, Harry sacana, devagar.

HARRY (*empurra* DES *novamente de volta para* MICHAEL) Negativo. Mas você está com medo agora, não bêbado. Isso é engraçado. Com medo também, Michael?

MICHAEL Sim.

HARRY (*para* IGGY *e* HUGO) Olhem pra eles!

MICHAEL   Mais alguma coisa?

HARRY   (*sorri, balança a cabeça*) Não. Eu estou feliz agora.

> HARRY, IGGY e HUGO *estão de um lado do palco;* MICHAEL, DADA e DES *do outro.* HARRY, IGGY e HUGO *estão reabastecendo os copos.* HUGO *está procurando por cerveja.* HARRY *está resmungando para si mesmo — uma voz não cantante —* "Então, garotos, permaneçam unidos..." *etc.* MICHAEL *começa a caminhar para fora da sala.*

DADA   Espere! Espere! Espere, você! Henry! Henry! Garotos!... (*Todos procuram em volta por ele e o encontram de pé sobre uma cadeira.* DADA *também está tentando reafirmar-se. Agora que ele conseguiu a atenção dos outros, não sabe o que dizer. Tentando pensar em alguma coisa para dizer*) ...Ah-raa!... Ah-raa pelos Carney! Não há homens melhores! (MICHAEL *começa a se movimentar para fora novamente*) Espere! Espere, você!... Garotos!... Garotos, garotos... O Carney Campeão do Mundo! Limpem a área, os móveis para trás! Espere, você!

MICHAEL   Pelo amor de Deus!

DADA   Como nos velhos tempos. Veja quem é o melhor homem, Desmond.

HARRY   Ou, talvez, nós três contra vocês três?

DADA   Todos devem me obedecer agora. Minha autoridade. Minha autoridade. Ordens. Respeito pelas regras, Henry. Coloque aquela cadeira lá atrás contra a parede, Hubert.

HUGO   O Carney Campeão do Mundo!

MICHAEL   Por que você era sempre o juiz?

DADA   Ficando insolente outra vez. Logo resolvo isso. Juiz... procedimento... autoridade... tem de ser do juiz. Você deve se lembrar muito bem desse jogo, Michael.

MICHAEL   Pelo amor de Deus! E todos vocês vão dar o fora daqui pela manhã.

DADA   Veja como fala diante de mim, garoto.

HARRY   (*ri*) Eles três contra eles mesmos.

DADA   Graças a Deus, garotos, eu sempre pude me impor e...

MICHAEL   Espancamento, cinto, pancada...

DADA   Sim!

MICHAEL   Crianças! Batam nos moleques!

DADA   Sempre pude me impor, garotos, conversar com os melhores.

MICHAEL   Batam nas crianças!

DADA   Nada de xingamentos, nada de palavrões!

MICHAEL   Voltando pra casa, vomitando conhaque e cerveja.

DADA   Ainda não aprendeu a lição dele. Vamos lá, garotos...

MICHAEL   Com uma fúria, um mau humor, depois das conversas dele com os amigos figurões. "Nós vamos acabar com eles."

DADA   Ele não mudou nada.

MICHAEL   Tirando quatro moleques pequenos da cama as duas, três, quatro da manhã. E em cima de uma cadeira. "O Carney Campeão do Mundo! Ah-raa, pelos Carney! Nós vamos acabar com eles! Atacar!". E todos nós amarrados uns nos outros com um cinto.

DADA   Três de vocês! Três!

MICHAEL   E você ainda não vê nada de errado com isso?

DADA   Mas o pequeno Michael... O nosso mais velho, garotos...

MICHAEL   E não há nada de errado com isso agora?

DADA   O nosso mais velho, garotos, lembram-se? Não iria brigar.

MICHAEL   Um velho ridículo, ainda berrando em cima de uma cadeira!

DADA   Não iria brigar! Tenho vergonha dele! Babando, ganindo como um cachorro sarnento em uma esquina!

MICHAEL   O que há de errado com você? Por que sempre o...?

DADA   Não há nada de errado comigo!

MICHAEL   Porque sempre o número!

DADA   Nada de errado comigo. Eu criei uma família...

MICHAEL   E olhe pra nós agora!

DADA   Criei... família... criei... que poderia...

MICHAEL   Você não sabe que os pais não devem mentir para seus filhos sobre os homens formidáveis que eles são?

DADA   Transformei vocês em homens! Estou orgulhoso!... Criei uma família...

MICHAEL   Juro por Deus, Dada, eu tentei te amar. A troco de que você quer continuar com isso?

DADA   Rah-raa, ele me ama! Ama o seu velho!

MICHAEL   Mesmo que eu nunca tenha me deixado enganar por tudo o que você fez.

DADA   Rah-raa! Ele enxerga tudo! Me ama!

MICHAEL   Conversa fiada! O que você ia fazer!

DADA   Nunca... com medo... da sombra!

MICHAEL   Que valentão que você é! Era. Eu nunca vi ninguém se entusiasmar com você.

DADA   (*perversamente*) É-é-é! Mas você não sabe de nada! Mas você não sabe de nada!

MICHAEL   E os amigos figurões...

DADA   Você não sabe nada sobre isso! Nada sobre a vida!

MICHAEL   O Anthony Heneghan e os médicos. Eu mesmo os ouvi rindo de você. E eles ainda continuam rindo.

DADA   Simm... simm... simm... simm!

MICHAEL   E você fala de orgulho! E você fuma charutos e bebe conhaque com eles, e a sua esposa de joelhos esfregando o assoalho deles.

DADA   Simm... simm... simm... simm!

MICHAEL   Onde está o seu orgulho, Dada?

DADA   Não... Não desrespeite a sua mãe, garoto!

MICHAEL   Ainda não há nada de errado com isso?

DADA   Vocês estão ouvindo? O que ele está dizendo sobre a mãe de vocês, garotos? Vocês estão ouvindo? Agora escute aqui.

MICHAEL É um discurso?

DADA Agora escute aqui.

MICHAEL Cante *Eu te escuto me chamando*.

DADA Agora escute aqui...

MICHAEL Você sempre foi ouvido... zurrando!

DADA Agora escute aqui... Agora escute aqui! Agora me ouça... me ouça e eu vou te dizer uma ou duas coisinhas. Agora me ouça quando eu falo... Agora, eu quero que todos vocês escutem, porque eu tenho uma coisa para contar para todos... Eu vou contar para vocês sobre a vida... Eu vou contar para vocês, sim, sobre isso... Eu vou... Eu estou... Eu tenho uma coisa para contar para todos vocês... Eu... Eu... Garotos... Ah-raa!... Ah-raa!... E... (*Ouve-se* BETTY *descendo as escadas. Ela entra vestida com um sobretudo e carregando uma mala*) Ah-raa, a estrangeira, voltou para salvar o rato, Ignatius! Desmond! Ah-raa, Hubert! Hubert!

BETTY Você vai vir comigo ou vai ficar com eles?

HARRY Não nos abandone, Mikey.

HUGO Não nos abandone, Mikey.

DES Bata nela, Mikey.

DADA   Ah-raa!

DES   Pense nas crianças, Mikey.

MICHAEL, *desnorteado, olhando quase que estupidamente para ela. Ele olha para* DES.

BETTY   Não olhe pra ele. Ele é o irmãozinho boa gente de quem você me falou.

DADA   Ah-raa, Desmond!

DES   Com quem você pensa que está falando!

BETTY   Você vai vir? Agora.

DES   Com quem, sua vadia, você pensa que está falando? Preste atenção agora. (BETTY *sai, levando sua mala.* HARRY, DADA, IGGY *e* HUGO *a seguem até a porta da frente para festejar sua partida. A mão de* MICHAEL *sobre o ombro de* DES, *contendo* DES) Sua vadia! Polly! Escória inglesa! Puta! (DES *se apercebe de* MICHAEL. *Sua primeira reação é de vergonha. Ele dá meia-volta, afastando-se; em seguida retorna*) O que você está olhando? Por que está me olhando desse jeito?

MICHAEL *e* DES *estão em lágrimas — ou a ponto de lágrimas. Os outros se precipitam de volta para a sala.* DADA *sobe na cadeira.*

ATO TRÊS

HARRY Rápido... rápido... rápido! Alguma coisa está acontecendo aqui com os dois gênios.

HUGO Eles não podem esperar pra ver quem é o Carney Campeão do Mundo.

DES Não me venha com esse jogo agora.

DADA O que ele está te dizendo, Desmond?

DES Nada. Está apenas olhando pra mim. Como se eu fosse um lixo.

HARRY O que você vai fazer sobre isso? Conversar?

DES Todo mundo parece pensar que eu sou meio que um otário por aqui esta noite.

MICHAEL *faz um movimento para sair da sala.*

DADA Você vai deixar que ele saia?

HARRY Eu não acho que o Des seja grande coisa.

DES *puxa* MICHAEL *de volta.*

DADA Ah-raa! Pra cima dele, Desmond! Mostre a ele, Desmond!
HUGO O murro da vaca, Des!
DADA Pela honra dos Carney!
HARRY Eu não acho que o Des seja grande coisa!

DADA	Ah-raa, o zombador!
HUGO	O velho um dois, Des. Vamos lá!
IGGY	Acabe logo com isso!
HARRY	O Des não é grande coisa!
HUGO	Ah, o murro da vaca!
IGGY	Bata nele!
DADA	Bata nele! Bata nele! Bata nele! (DES *bate infantilmente no ombro de* MICHAEL) Yaa-rah-raa! Homem, Desmond monte de merda! De novo! De novo! Continue!

DES *bate em* MICHAEL *novamente, dessa vez com mais firmeza.*

DES O rato! Não conseguiu sequer comandar uma mulher! Uma pulga sequer.

DADA Vamos! Continue! Lixos! Lixos! Imundos! Lixos! Montes de merda! Canalhas! Ciganos! Imundos! (DES *derruba* MICHAEL *com seu próximo golpe*) O senhor zombador inteligente! Nós vamos acabar com eles! Olhando de cima de seus narizes! Avante... avante... avante!

Os outros estão festejando. DES *é empurrado novamente para* MICHAEL. MICHAEL *o arremessa de volta.*

MICHAEL Jesus, nossa vitória em cima *deles*! (*Apanha uma garrafa*) Estão felizes agora? (DES *está vindo até ele novamente*) Olhem pra ele: outra vitória nossa em cima *deles*! Você também não sabe viver. (*Ele bate na cabeça de* DES *com a garrafa.* DES *cai e fica imóvel. Silêncio*) ... Está tudo bem com ele?... Vejam... Des? (*Examina* DES) ... Des? Ele está morto. (*Pausa.*)

IGGY   O que a gente faz agora? Dada?

DADA   ... O quê?... O quê?... Bem... Quero dizer... a cadeira.

HARRY   O quê?

DADA   Eu estava em cima da... Vocês estavam... Vocês todos estavam...

HARRY   Quem é você?

DADA   Eu estava em cima... Vocês todos estavam... O quê?... Eu não tive nada a ver com... Não é culpa minha... Não, escutem garotos. Ele! O Michael! Olhem para ele. Que tipo de natureza é a dele? (HARRY *vira as costas para* DADA *e se junta a* MICHAEL *ao lado do corpo de* DES) Sempre a causa dos problemas em casa. Desde o início. O destruidor. (IGGY *se junta a* MICHAEL *e* HARRY) Ignatius. Olhe para ele. O destruidor, Hubert. (HUGO *se junta a* HARRY, IGGY *e* MICHAEL. DADA *fica isolado em um canto do palco*) Hubert... O quê?... Garotos... Vocês não estão me culpando... Nenhum controle sobre isso... Ninguém tem mais... Fiz o meu melhor. Vocês não sabem como é difícil. A vida. Transformei vocês em homens. O que mais eu poderia ter feito? Digam-me. Estou orgulhoso. O quê? Um homem deve ter... E os tempos eram difíceis. Nunca tive oportunidades. Não estavam lá para nós. Tinha a capacidade. Sim. E perdi o emprego na guarda, na polícia. Criei uma família, apropriada. Apropriadamente. Nenhum homem pode fazer mais do que o melhor. Eu tentei. Deve ter algum tipo de orgulho. O quê? Eu tentei, eu fiz o meu melhor... Eu tentei, eu fiz o meu melhor... Tentei... Fiz o meu melhor... Eu tentei...

A cortina desce lentamente durante a fala.

CRONOLOGIA DA OBRA DE TOM MURPHY
(datas da primeira produção)

PEÇAS

1961	*A Whistle in the Dark*
1962	*On the Outside*
1968	*Famine*
1968	*The Orphans*
1969	*A Crucial Week in the Life of a Grocer's Assistant*
1971	*The Morning after Optimism*
1972	*The White House*
1974	*On the Inside*
1975	*The Sanctuary Lamp*
1976	*The J. Arthur Maginnis Story*
1980	*The Blue Macushla*
1983	*The Gigli Concert*
1985	*Conversations on a Homecoming*
1985	*Bailegangaire*
1985	*A Thief of a Christmas*
1989	*Too Late for Logic*
1991	*The Patriot Game*
1998	*The Wake*
2000	*The House*
2005	*Alice Trilogy*
2014	*Brigit*

ADAPTAÇÕES

- 1974 *The Vicar of Wakefield*
- 1979 *Epitaph under Ether*
- 1981 *The Informer*
- 1982 *She Stoops to Conquer*
- 1995 *She Stoops to Folly*
- 2003 *The Drunkard*
- 2004 *The Cherry Orchard*
- 2009 *The Last Days of a Reluctant Tyrant*

PEÇAS PARA TELEVISÃO

- 1963 *The Fly Sham*
- 1963 *Veronica*
- 1967 *A Crucial Week in the Life of a Grocer's Assistant*
- 1968 *Snakes and Reptiles*
- 1970 *A Young Man in Trouble*
- 1987 *Brigit*

ROMANCE

- 1994 *The Seduction of Morality*

SOBRE A ORGANIZADORA

BEATRIZ KOPSCHITZ BASTOS é membro permanente do Programa de Pós-Graduação em Inglês da Universidade Federal de Santa Catarina. É mestre em Inglês pela Northwestern University (2000) e doutora em Estudos Linguísticos e Literários em Inglês pela Universidade de São Paulo (2003), com tese na área de teatro irlandês. Desenvolveu duas pesquisas de pós-doutorado na Universidade Federal de Santa Catarina, nas áreas de teatro (2006) e cinema irlandês (2015), com pesquisa complementar no Trinity College Dublin e no Irish Film Institute. Foi pesquisadora visitante no Moore Institute na National University of Ireland Galway (2017). É também produtora e diretora de literatura junto à Cia Ludens. Suas publicações, como coeditora e organizadora, incluem: *Ilha do Desterro 58: Contemporary Irish Theatre* (2010), com José Roberto O'Shea; a série bilíngue A Irlanda no cinema: roteiros e contextos críticos, com Lance Pettitt — *The Uncle Jack / O Tio Jack*, de John T. Davis (Humanitas, 2011), *The Woman Who Married Clark Gable / A mulher que se casou com Clark Gable*, de Thaddeus O'Sullivan (Humanitas, 2013), *The Road to God Knows Where / A Estrada para Deus sabe onde*, de Alan Gilsenan (EdUFSC, 2015) e *Maeve*, de Pat Murphy (EdUFSC, previsto para 2020); *Coleção Brian Friel* (Hedra, 2013) e *Coleção Tom Murphy* (Iluminuras, 2019); *Vidas irlandesas: O cinema de Alan Gilsenan em contexto* (Insular, 2019), com José Roberto O'Shea; *Ilha do Desterro 73.2: The Irish Theatrical Diaspora* (prevista para 2020), com Patrick Lonergan; e *Contemporary Irish Documentary Theatre* (Bloomsbury, 2020), com Shaun Richards. Foi curadora, com Domingos Nunez, dos quatro Ciclos de Leituras realizados pela Cia Ludens: *O teatro irlandês do século XX* (2004); "O teatro irlandês do século XXI: A geração pós-Beckett" (2006); "Bernard Shaw no século XXI" (2009) e "Cia Ludens e o teatro documentário irlandês" (2015).

SOBRE O TRADUTOR

DOMINGOS NUNEZ é dramaturgo, tradutor, crítico e diretor artístico da Cia Ludens. É graduado em Letras pela Universidade Federal de Santa Catarina (1988), mestre em Dramaturgia Portuguesa pela Universidade de São Paulo (1999), doutor em Estudos Linguísticos e Literários em Inglês pela Universidade de São Paulo e pela National University of Ireland (2005), com tese na área de teatro irlandês, e possui um pós-doutorado em Escrita Criativa pela Unesp/São José do Rio Preto (2017). Entre seus artigos, peças, traduções de peças e roteiros publicados em revistas especializadas e livros, destacam-se: *Quatro peças curtas de Bernard Shaw* (Musa, 2009); *Coleção Brian Friel* (Hedra, 2013); *Coleção Tom Murphy* (Iluminuras, 2019); os roteiros dos filmes *The Uncle Jack* (Humanitas, 2011), *The Woman Who Married Clark Gable* (Humanitas, 2013) e *Maeve* (EdUFSC; previsto para 2020); e a peça-documentário de sua autoria *The Two Deaths of Roger Casement*, no livro *Contemporary Irish Documentary Theatre* (Bloomsbury, previsto para 2020). Para a Cia Ludens dirigiu *Dançando em Lúnassa* (2004/2013), de Brian Friel; *Pedras nos bolsos* (2006), de Marie Jones;

Idiota no país dos absurdos (2008), de Bernard Shaw; *O Fantástico reparador de feridas* (2009), de Brian Friel; *Balangangueri, o lugar onde ninguém mais ri* (2011), adaptação de textos de Tom Murphy; e, de sua autoria, *As duas mortes de Roger Casement* (2016). Foi curador, com Beatriz Kopschitz Bastos, coordenador e diretor das diversas peças que integraram os quatro Ciclos de Leituras realizados pela Cia Ludens. Em 2013 recebeu a indicação ao prêmio especial da APCA pelos dez anos dedicados ao teatro irlandês, e em 2014 a indicação ao Prêmio Jabuti pela tradução das quatro peças que compõem a *Coleção Brian Friel*.

Este livro foi publicado com o apoio de Literature Ireland

**CADASTRO
ILUMINURAS**

Para receber informações
sobre nossos lançamentos e
promoções envie e-mail para:

cadastro@iluminuras.com.br

Este livro foi composto em Scala pela *Iluminuras*,
e terminou de ser impresso em 2019 nas oficinas
da *Meta Gráfica*, em São Paulo, SP, em off-white
80 gramas.